EMPIEZA A VIVIR

Dr. Nicolás Romero

EMPIEZA A VIVIR

CON AUTOCUIDADO, AUTOCONOCIMIENTO, AUTOESTIMA Y AUTOCONFIANZA

Grijalbo

Papel certificado por el Forest Stewardship Council®

Primera edición: marzo de 2022

© 2022, Nicolás Romero
© 2022, RTVE
© 2022, Penguin Random House Grupo Editorial, S.A.U.
Travessera de Gràcia, 47-49. 08021 Barcelona

Printed in Spain — Impreso en España

ISBN: 978-84-18055-34-8
Depósito legal: B-894-2022

Compuesto en Fotocomposición gama, sl
Impreso en Gómez Aparicio, S. L.
Casarrubuelos (Madrid)

DO55348

A mi madre, Encarnación Lara,
por una vida entera dedicada a su hijos

A Olga y a Nico,
por su apoyo incondicional

ÍNDICE

PRÓLOGO

Me dijeron que RTVE apoyaba la publicación de un libro sobre nutrición que había escrito un compañero. Solicité un ejemplar y comencé a leerlo. Era diferente a otros. No parecía esquemático e interesaba por su calidez desde el principio. Nos pusimos en contacto con el autor desde «La aventura del saber» y le buscamos un hueco para grabarle una entrevista en el estudio. Para entonces ya tenía leído «Si te gusta comer aprende a adelgazar». La entrevista fue muy agradable y el doctor Nicolás Romero contestaba con amabilidad todas las preguntas. No pude resistirme:

—Los médicos nos aconsejáis siempre que nos sentemos tranquilos a comer, que elijamos bien la combinación de alimentos que vamos a tomar y que hagamos un ejercicio moderado todos los días.

—Sí, es verdad.

—Pero lo normal para un trabajador es comer aprisa lo que nos ofrece un restaurante con menú del día cercano al lugar de trabajo o dentro del lugar de trabajo y que no tengamos tiempo para otra cosa hasta el fin de semana. Y mucho menos para ir al gimnasio o andar y silbar alegremente durante al menos una hora cada día.

Nicolás sonrió y me dijo:

—Vale simplemente con seguir las indicaciones y los menús del libro.

—¿Sin ejercicio?

—Mejor con un ejercicio moderado, pero si no se puede, incluso sin ejercicio en un gimnasio y sin silbar. ¿Quieres comprobarlo?

¿Qué podía perder? Quizá no adelgazara, pero al menos no engordaría. Y, si lograba adelgazar solo un poco, mejoraría mi salud en cualquier caso. Desde el año 2001 yo había pasado de pesar 75 a 94 kilos, mucho peso para mi estatura (1,76 cuando me tallaron para la mili). Es decir, que cada año había engordado de media un kilo.

—Digo comprobarlo de cara al público. ¿Qué te parece? —Nicolás quería decir en el programa, de cara a la audiencia.

—Piénsatelo, puedes hacer el ridículo si no adelgazas —me alertó alguien del equipo.

Pero no me lo pensé mucho e iniciamos un taller semanal de salud conmigo de conejillo de Indias una semana después. El doctor Nicolás Romero llevaba al estudio una cinta métrica y un tensiómetro. Los compañeros de atrezo ponían un pequeño peso eléctrico. Y cada lunes comenzábamos el programa haciendo un seguimiento del plan de adelgazamiento trazado por Nicolás para mí. Esto permitía que cada semana complementáramos la información personal, que en realidad era una excusa, con una información médica general perfectamente aplicable a todo el mundo, que era el objetivo real del taller.

El resultado fue excelente desde el punto de vista de la audiencia. Y yo perdí veinte kilos. Más, llegué a perder veinticuatro.

—Ahora vamos a ver si no rebotas —me dijeron otros compañeros.

Y, de momento, no he rebotado. Han pasado dos años y peso 75 kilos.

Desde entonces hemos venido presentando ambos el taller de salud pública (que elabora él) cada lunes en *La aventura del saber*. Solamente paramos cuando las medidas contra la pandemia lo exigieron. A aquel primer libro, que fue un éxito de ventas, siguió por el mismo camino «Comer bien para bien estar», que también lo fue y consiguió pronto edición de bolsillo.

Este que tiene el lector en sus manos es el tercero: «Empieza a vivir». Se trata de un libro quizá más ambicioso que los anteriores porque ofrece un método personal con estrategias para enfrentarse a los desafíos generales de la vida humana hoy día. Y viene a poner remedio a los desequilibrios en los que andamos. Naturalmente, está basado en sus experiencias y conocimientos como médico. Algo muy conveniente para todos nosotros, porque a menudo estamos tan distraídos por las rutinas que se nos van imponiendo sin darnos cuenta, que nos olvidamos de lo principal: que somos un cuerpo.

Salvador Gómez Valdés
Director de *La aventura del saber*

INTRODUCCIÓN

La verdad nos hace libres y más fuertes

Si algo hemos aprendido durante la pandemia, cuya evolución contamos cada semana en *La aventura del saber*, es que, llegados a este extremo, necesitamos un revulsivo que transforme nuestra mentalidad, que haga nuestra vida más satisfactoria y nos prepare para un futuro que, sin duda, volverá a sorprendernos. A raíz de mis intervenciones en el programa y de las conversaciones con su director, Salvador Gómez Valdés, sobre la aparición de distintos fenómenos de engaño y autoengaño durante la crisis sanitaria vivida, se me ocurrió la idea de elaborar los principios de un método que ayudase a la gente a empezar a vivir desde la verdad.

Pues bien, aquí está. Siguiendo este «Método de los cuatro autos» aprenderemos a cuidar de las joyas de la corona del organismo, que son el cerebro y el sistema inmunitario; nos conoceremos mejor para identificar nuestro talento potencial desarrollando habilidades y formando hábitos; sabremos quiénes de las personas que nos rodean nos refuerzan o nos minan la autoestima, y hablaremos de cómo ganar confianza para sentir que tenemos el control de nuestra vida. Aun cuando sea consciente de que el engaño propio y ajeno impregna casi todos los ámbitos de la sociedad, y parezca un contrasentido pensar que se pueda vivir sin utilizarlos, la evidencia científica nos revela que sí es posible hacerlo. Decirnos la verdad y practicarla nos hará más libres y fuertes para afrontar las crisis venideras.

Estoy muy contento. La expectativa de publicar el método me descarga de preocupación. Me mantendré en este estado entusiasta en cada una de las siguientes páginas, porque, de lo contrario, no podría siquiera sentarme a escribirlas. Solo si nos sentimos bien somos capaces de reflexionar, de crear, de construir. ¿Cómo podría alguien, atrapado por el miedo, la tristeza o la ira, escribir algo que mereciera la pena? Los sentimientos positivos no son la mera ausencia de emociones negativas; para las personas representan mucho más. Si el cerebro predice recompensas satisfactorias, se incrementa la dopamina en las neuronas y esta sustancia estimulará las funciones cerebrales y el sistema inmunitario. Cuando se empieza a vivir con verdad, los grandes beneficiados son el cerebro y el sistema inmune.

Método de los cuatro autos

Autocuidado. La inmunonutrición optimizará el sistema inmune y nos ayudará a cuidar nuestro cerebro. Dispondremos de la dieta inmune con todos los nutrientes necesarios. Aprenderemos las múltiples conexiones entre estos órganos, que son la joya de la corona del organismo.

Autoconocimiento. Conocer cómo estamos constituidos es clave para identificar nuestro talento y adquirir hábitos y habilidades que desarrollen ese potencial. Necesitaremos seguir un proceso de formación de buenos hábitos y entender nuestra identidad para mejorarla.

Autoestima. La elección de las personas que nos convienen se basa en si descargan o añaden nuevas preocupaciones a nuestra vida, si nos envidian o nos potencian, si nos maltratan o nos cuidan, si refuerzan nuestra autoestima o la minan.

> **Autoconfianza.** Sentir que tenemos el control de nuestra vida nos dará una poderosa sensación de autoconfianza que se reflejará en los estudios, el trabajo, las relaciones personales y en todos los proyectos que emprendamos.

A lo largo de mi vida he tenido la oportunidad de conversar con algunas personas centenarias. A otras las he leído en entrevistas o las he escuchado en la radio y en la televisión. En casi todos los casos he tenido la sensación de que viven el paso del tiempo sin ansiedad y aceptan el envejecimiento como un proceso natural. Me hipnotiza, sobre todo, su tono inalterable de calma. Mientras escribo este libro, me han impresionado las declaraciones de un centenario de La Palma, que he visto por pura casualidad en un noticiero, quien contaba hechos muy dramáticos para su vida como consecuencia de la erupción del volcán Cumbre Vieja, con un tono de serenidad asombroso, sin hiperemocionalidad, ese fenómeno de realce artificioso de las emociones para remarcar la importancia de lo que estoy haciendo o diciendo, que impera hoy en la comunicación pública. Observando con detenimiento el comportamiento de los centenarios, los imagino como seres evolucionados capaces de levitar hasta un estado de relajación permanente. Y esa tranquilidad no es apatía ni decrepitud, no. Ejercen el humor con ironía, hacen reflexiones sutiles sobre el sentido de la vida y no han perdido el impulso de competir. Los he visto polemizar con firmeza sobre actualidad política y tengo grabada la secuencia en la que una mujer de más de cien años sonrojaba a una reportera setenta años más joven comparándose en apostura con ella en una foto de juventud. Al escucharlos tienes la intuición de que cuentan las cosas tal y como las sienten, de que están diciendo la verdad de lo que piensan. Alguien podría argumentar que parecen tan auténticos porque no tienen demasiados motivos para el engaño. Sin embargo, cabe preguntarse, ¿y si hubieran disfrutado de esa enorme coherencia durante toda su vida?

Las personas que llegan a cumplir cien años han dispuesto, por lo general, de buena salud en las diez décadas vividas. Pero seamos claros: los centenarios experimentan, como todo el mundo, el deterioro causado por el paso del tiempo y acabarán sufriendo trastornos y complicaciones que los llevarán a desaparecer. Sin embargo, poseen tres características que los distinguen de otros mayores menores que ellos. Su estado físico suele permitirles todavía cierta independencia, las enfermedades relacionadas con el envejecimiento aparecen de forma tardía y su estado mental se mantiene relativamente bien conservado. Se constata una relación de doble vínculo entre el cerebro y la supervivencia, de modo que quienes viven más años disfrutan de buena salud cognitiva a largo plazo, y los que son capaces de evitar el deterioro mental tienen una vida más larga. La ciencia no tiene forma plausible de explicarlo, sino que su sistema inmune no se desgasta, a pesar de que lleve un siglo en funcionamiento, y mantiene la capacidad de protegerlos contra tumores e infecciones. Entre los supercentenarios, aquellos que han alcanzado los ciento diez años, se ha evidenciado resistencia al cáncer, al ictus y a las enfermedades cardiovasculares.

Aprender a construirnos una mentalidad diferente

Los investigadores tratan de determinar cuáles son los mecanismos moleculares que permiten a los centenarios frenar el declive de la inmunidad, para luego aplicar ese conocimiento en la prevención del deterioro cognitivo de quienes son más susceptibles a padecerlo. Hallar las claves de este fenómeno a nivel celular solo constituye una parte de la ecuación. Los supercentenarios no nacen, se hacen a sí mismos desde la vida temprana. Adquirir o no esos «superpoderes» estará muchas veces en manos de la suerte de los accidentes biográficos adversos que hayan sufrido y de la gravedad de las secuelas. Las alteraciones durante el crecimiento uterino, el maltrato infantil, la desigualdad, la pobreza serán su *kriptonita*. Pero son obstáculos que se pueden superar. Sin duda, el factor determinante para alcanzar esa inmunidad poderosa que blinda el cerebro contra el deterioro es aprender a construirnos una mentalidad diferente, a centrarnos en atenuar los efectos de las preocupaciones provocadas por la adversidad, el engaño y el autoengaño. Esa constitución psicológica especial va conformándose con la experiencia personal y dependerá de rasgos como disponer de una identidad flexible que mejore la capacidad de adaptación a circunstancias cambiantes, de la formación de buenos hábitos con el desarrollo de habilidades, del neuroticismo que caracterice la personalidad, de la resistencia a expresar los conflictos internos ocultados y reprimidos, del nivel de conciencia del autoengaño y del grado de coherencia entre lo que pensamos, lo que sentimos y las acciones que llevamos a cabo.

La importancia de estimular nuestro sistema inmunitario

Si somos coherentes con la verdad que tenemos en la conciencia, se la contamos a otros cuando a nosotros nos supone una carga mental y la expresamos mediante la escritura en caso de que la guardemos en secreto a causa de un trauma, estimularemos nuestro sistema inmunitario y favoreceremos su capacidad de reajustarse tras un desequilibrio serio como un trastorno emocional o una enfermedad. De esta manera, la verdad puede ayudarnos a superar con éxito las crisis a las que nos vemos sometidos. Si la verdad se niega, se oculta y se reprime, aunque sea por la buena causa de no inquietar a los que queremos, se crea una tensión interior, crece la preocupación y aparece un malestar que acaba por dañar nuestra función inmune.

Sabemos que cuando una persona da a conocer a alguien información oculta traumática o vergonzante con la garantía de que la mantendrá en secreto se libera de la carga mental que la atenaza, con consecuencias positivas para sus defensas y su estado general. Con la sola acción de desahogarnos con quien nos va a ayudar permitimos que el organismo avance hacia la recuperación. Y cuanto más nos sinceramos, mayor es la cura. Y cuanto más lo deseamos, mejor se cierra esa herida. Este hecho terapéutico ofrece un punto de vista singular sobre la enorme importancia que la expresión de la verdad tiene para la salud pública. La sociedad sabe lo que hace cuando blinda la confidencialidad de médicos, psicólogos, enfermeros, trabajadores sociales y profesionales sanitarios en general al reconocer su derecho al secreto profesional. De este modo proporciona seguridad jurídica a los ciudadanos que utilizan estos servicios, quienes de otro modo no aceptarían acudir a terapia, pero, además, les proporciona *de facto* un beneficio inmune extra, tanto a ellos como a los profesionales que mantienen a salvo su coherencia con la verdad.

El efecto beneficioso de contar la verdad también se consigue al compartir información traumática o preocupante con los integrantes de un grupo de desconocidos que no vayan a revelarla. Este es el caso de exalcohólicos que mantienen su identidad en el anonimato. En estos casos es lógico pensar que la mejoría del exadicto se debe al abandono del consumo de alcohol, que es un depresor de las defensas del organismo. Pero se ha constatado en diversos estudios que asistir a las reuniones del grupo durante varias semanas tras la abstinencia refuerza el sistema inmunitario de los participantes, y esa es la razón de que mejore su estado general y anímico. La gente que habla con libertad sobre sus conflictos internos ante anónimos con intereses afines a menudo declara lo mucho que aprende de esta experiencia. Compartir nuestros pensamientos y emociones es un tipo de aprendizaje en especial gratificante porque profundiza en el autoconocimiento, contempla otros puntos de vista, racionaliza miedos e incertidumbres, y, sobre todo, descarga la mente de preocupación.

Desde el punto de vista antropológico, la necesidad liberadora de expresar la verdad ha construido una narrativa propia en el arte y en la ficción. Encontramos hoy en las listas de los más vendidos de las librerías relatos novelados sobre crecimiento personal de cuya trama emana este impulso de liberación. Llama la atención el empleo recurrente de personajes arquetípicos que, desencantados de una vida cómoda, incluso opulenta, aunque estresante y vacía, adoptan una actitud de búsqueda permanente. Ella o él deciden vender su coche de alta gama —símbolo universal de la superficialidad, por lo que parece— y romper sus ataduras materiales para embarcarse en un viaje espiritual al Lejano Oriente con el propósito de abrir los secretos de su corazón a maestros budistas que habitan el templo arcano de una cordillera de hielos perpetuos —esto es un clásico—, de los que recibirán valiosas enseñanzas de verdad, humildad y gratitud a cambio de reportar tan solo paz interior para los monjes. El final es siempre parecido. Los viajeros, una vez «iluminados», regresan a su país de origen cargados de energía, mostrando su transformación y predicándola a todos aquellos que deseen escucharlos. La clave de estas historias está en que cuando los protagonistas acaban su periplo catártico, ya no vuelven a ver a los habitantes del templo nunca más. Soñamos con viajar a países remotos porque compartir la verdad de nuestras preocupaciones y secretos íntimos con desconocidos a los que jamás veremos de nuevo da vigor al sistema inmune y genera salud emocional, lo que hace que nos sintamos renacidos. Aunque no ocurra de esa forma tan grandiosa que estas historias best seller pretenden hacernos creer, ese renacimiento personal sí puede haberse producido.

Soñar nos permite soltar carga mental

Una necesidad ineludible para nosotros es acudir a terapia cada día para descargar la tensión latente que causan las preocupaciones. Suele ocurrir por la noche, mientras dormimos. Soñar nos permite soltar la carga mental negativa acumulada cuando estábamos despiertos, para empezar limpios y de cero a la mañana siguiente. El cerebro reprocesa los episodios traumáticos vividos el día anterior para cambiar la versión de los hechos. Después, guarda en la memoria un recuerdo menos angustiante que nos haga sentir un poco mejor. Para que este mecanismo de reescritura de los conflictos funcione, el cerebro nos presenta como auténtico un producto imaginario que él está creando en ese momento. Aunque al día siguiente sepamos distinguir con claridad que solo fue un sueño sin visos de realidad y nos olvidemos de él, su efecto liberador ya estará conseguido. Pero ¿qué ocurrirá si esta terapia nocturna se rompe porque la preocupación es tan grande que nos quita el sueño? Entonces deberíamos confesar lo que nos atenaza a personas de confianza e intentar expresarlo mediante la escritura. Esto permitirá recuperar en poco tiempo un sueño menos agitado que resulte reparador. Dormir más y mejor a lo largo de la vida nos reportará beneficios inmunitarios muy significativos.

Desde el punto de vista evolutivo es posible que los sueños surjan de la necesidad liberadora de expresar información que no deseamos contar a los demás. Esta necesidad puede haber constituido una presión selectiva para que nacieran el lenguaje y la escritura. En un experimento sobre la expresión de los traumas a través de la escritura se pidió a los participantes que revivieran el hecho preocupante que más les hubiera impactado en el plano emocional en toda su vida. Luego se organizaron dos grupos. En uno escribieron veinte minutos al día sobre esa preocupación traumática durante cuatro jornadas consecutivas. En el otro tenían que emplear el mismo tiempo en escribir, pero su redacción podía abordar cualquier tema que quisieran, aunque lo consideraran intrascendente. Se tomaron muestras de sangre antes de comenzar a escribir, el día en que terminaron la narración y seis semanas después de haber acabado el experimento. En la respuesta inmunitaria del grupo que escribió sobre su trauma psicológico se detectó una mejoría en la muestra del día en que terminaron, y en el tercer análisis se verificó que esa respuesta inmunitaria positiva se mantenía varias semanas después. En cuanto al estado emocional, el grupo que expresó la información preocupante que le había producido aquel antiguo *shock*, notó al acabar un malestar mayor. Sin embargo, a las pocas semanas sus miembros se sintieron más contentos en comparación con el otro grupo. En conclusión, escribir sobre las preocupaciones personales y los traumas emocionales, aunque sea durante poco tiempo, proporciona ventajas al sistema inmunitario. Si bien al principio provoca un sentimiento negativo, a medio plazo mejora el humor y la percepción subjetiva de bienestar.

En investigaciones realizadas con algoritmos de inteligencia artificial sobre textos que expresan preocupaciones traumáticas, se ha visto que el uso frecuente en la escritura de palabras cuyo significado se relaciona con una emoción positiva constituye una forma saludable de expresarse por el estímulo inmunitario que conlleva. Es más protector escribir «no estoy tranquilo por ti» que «estoy preocupado por ti», porque «tranquilo» tiene un matiz favorable. Sin embargo, cuando se utilizan solo palabras con sentido positivo no surte el mismo efecto sobre la salud porque hay una negación total de lo negativo, con la consecuente falta de verdad en lo que se está contando. Por idéntica razón, también falsea la verdad un léxico constante de palabras de matiz negativo en la redacción, incluso llega a abrumarnos con tanta negatividad y, al final, no le resulta de ayuda a nuestras defensas.

En la escritura expresiva de la preocupación, tanto el uso excesivo de pronombres de primera persona, «yo, mí, me», como de tercera persona, «ella, él, nosotros, ellos», no consiguen mejoras inmunitarias. Sin embargo, la alternancia de ambos tipos de pronombres en los textos denota que los autores no tienen la intención de ocultar parte de la verdad. El empleo equilibrado de los pronombres personales habla de alguien que está contemplando distintas perspectivas para afrontar un problema, con flexibilidad de pensamiento y empatía. Ese mensaje ecuánime sí le llega al sistema inmune y sí implica mejoría.

En otro estudio de este tipo, lo relevante fue el papel que tuvieron las recompensas inmediatas emocionales en la resolución del problema sobre el que los participantes habían expresado por escrito su preocupación. Se trataba de personas que habían perdido su empleo y se constató el alto porcentaje que encontró un nuevo trabajo en el grupo de aquellos que hicieron una redacción contando la verdad sobre su despido, en comparación con el que no la hizo. El hecho de crear una narrativa sobre la adversidad ayuda a racionalizarla al reducir los sentimientos de indignación o fracaso. De ese modo, en la siguiente entrevista de trabajo, la reducción de la preocupación y el resentimiento a través de la escritura expresiva que ya había llevado a cabo el candidato permitió que fuese visto con mejores ojos por los responsables de recursos humanos.

La vida consiste en resolver problemas

El filósofo de la ciencia Karl Popper hizo una definición minimalista y acertada de la vida, que me parece interesante traer aquí en este momento: «La vida consiste en resolver problemas». En efecto, someterse a perturbaciones que provocan un desequilibrio y reequilibrio constantes es inherente a estar vivo. La clave del éxito en la vida no es intentar que no surjan problemas, sino ser capaz de resolverlos lo bastante rápido para que el siguiente no nos desequilibre todavía más que el anterior. Cuando un organismo vivo encadena los problemas y son tan seguidos que, desbordado, no puede hacerles frente, aparecen la crisis, la enfermedad o la extinción. Desde el punto de vista evolutivo la necesidad liberadora de los seres humanos de expresar una verdad incómoda a través de los sueños, la palabra o la escritura es un elemento catártico encaminado a liberar espacio de la mente para ser más eficaces en la resolución del problema siguiente. Para afrontarlo, nos armamos de un sistema inmunitario fuerte y un estado emocional positivo creado por un cerebro entrenado con hábitos y habilidades para buscar la solución más inteligente.

RESUMEN DEL CAPÍTULO

- Empezar a vivir desde la verdad transformará nuestra mentalidad, convertirá nuestra vida en más satisfactoria y nos preparará mejor para el futuro.

- Con el «Método de los cuatro autos» cuidaremos el cerebro y el sistema inmune, conoceremos cómo desarrollar habilidades y formar hábitos, reforzaremos la autoestima y ganaremos autoconfianza.

- Tenemos que aprender a construirnos una mentalidad diferente centrada en atenuar los efectos de las preocupaciones provocadas por la adversidad, el engaño y el autoengaño.

- Si somos coherentes con la verdad, la compartimos y la expresamos mediante la escritura cuando supone una carga mental, estimularemos nuestro sistema inmunitario.

- Soñar nos permite soltar la carga mental negativa acumulada durante el día para empezar de cero a la mañana siguiente. Dormir bien reporta beneficios inmunitarios.

- La clave del éxito en la vida no es intentar que no surjan problemas, sino ser capaz de resolverlos lo bastante rápido para que el siguiente no nos desequilibre todavía más que el anterior.

Parte I

LA VERDAD DEL MUNDO EN QUE VIVIMOS

1. EL ENGAÑO QUE ENTRAÑA EL AUTOENGAÑO

Es una idea aceptada, por obvia e intuitiva, que decidas lo que decidas y hagas lo que hagas buena parte de lo que nos constituye es inmutable. ¡A quién no lo ha derrotado alguna vez esta realidad! Si naciste con el pelo negro, seguirá siendo negro a menos que lo tiñas o encanezca. Mantendrás la estatura y complexión física que tenías cuando dejaste de crecer. Lucirás el mismo color de ojos durante toda la vida. Y tu rostro conservará para siempre las facciones más sobresalientes, a pesar de que terminen sepultadas por las arrugas o modificadas por el quirófano. La razón de que muchos rasgos sean permanentes es porque se seleccionaron con éxito a lo largo de millones de años de evolución, bajo las leyes físicas y biológicas de la Tierra. Si hubiera sido más propicio para el avance de la especie humana que estas condiciones fueran modificables, que el pelo pudiera pasar del negro al rubio con solo desearlo, que los ojos cambiasen de color dependiendo de si sentimos tristeza o alegría, que los músculos del cuerpo ganaran tamaño y potencia en el preciso instante en que nos atenaza el miedo, que la piel se volviera casi transparente para luego brillar emitiendo luz propia según tradujese sensaciones de satisfacción o malestar, no dudéis que ahora todos sin excepción seríamos mutantes sin necesidad de provenir de otro planeta.

La selección natural no se queda con cualidades aisladas que son favorables en un momento determinado, sino con grupos empaquetados de rasgos que resultarán ventajosos o no en función del entorno cambiante con el que interactúen. Solo se desestimarán aquellos paquetes del todo inviables. La evolución no elige lo mejor, sino lo menos malo. Si los músculos multiplicaran su fuerza como un superhéroe en el momento en que sentimos miedo, eso nos incitaría a luchar de modo inevitable en lugar de emprender la huida, lo que incrementaría el riesgo de sufrir daños físicos incompatibles con la vida. La idea puede parecernos fascinante, pero es muy probable que la evolución la descartara porque a buen seguro moriría más gente. Sin embargo, un paquete de innovaciones que asociasen las emociones con cambios rápidos en la pigmentación en zonas visibles del cuerpo podría ser útil para mantener una comunicación armoniosa y genuina con el resto de la gente. Saber si estamos bien, qué necesitamos, cómo podemos ayudar o ser ayudados sería instantáneo. Aunque esto podría representar un problema. Si las circunstancias se tornasen adversas, nuestros verdaderos sentimientos quedarían al descubierto ante nuestros rivales. Nuestras fortalezas se convertirían en debilidades. Entonces, la solución clara sería aprender a camuflarlos ante los demás. En definitiva, transformar el color corporal al ritmo veloz de las emociones presentaría pros y contras según variase el ambiente, y a pesar de que suene a ciencia ficción, tendría probabilidades de ser un paquete seleccionado.

De hecho, el ser humano ya cuenta con características parecidas. Se seleccionaron cambios fisiológicos en la microcirculación de la piel de la cara para expresar diversas situaciones de tensión emocional. Las mejillas se ruborizan cuando sentimos vergüenza, culpa e incomodidad ante alguien. Palidecemos de sorpresa y miedo, enrojecemos de ira, nos amoratamos de rabia, se nos ensombrece el rostro por la tristeza y la preocupación. No fue el color del iris, sino la forma de los párpados la que evolucionó para hacer visible una mayor porción de la esclerótica del ojo, la capa de color blanco que rodea la córnea. Así pudimos comunicarnos sin hablar, solo con la mirada. La posición del ojo, cuya referencia nos da esa porción de capa blanca que vemos, nos sirve para saber en cada momento qué o a quién están mirando los demás. Pero va a decirnos algo aún más importante: la buena o mala intención con que lo hacen y la amenaza que representan para nosotros. La aparición de la cultura dio la vuelta a los entornos de la vida humana de forma acelerada. Algunas innovaciones biológicas como estas se convirtieron en poco favorables para el éxito social. Se aprendió a esconderlas para no revelar sentimientos e intenciones que dieran ventaja a los competidores por la comida, la pareja, la compañía y los aliados. El engaño deliberado impactó de lleno en la verdad de la humanidad y, como una reacción en cadena, el autoengaño pronto irrumpiría con fuerza para acabar de ocultarla.

La humanidad no puede soportar demasiada realidad

Los martes y los miércoles son los días de la semana que grabamos en el plató de *La aventura del saber,* que es el estudio 3 de Prado del Rey, en Madrid. Salva Gómez Valdés y yo solemos hacer nuestro espacio de salud pública al final de la jornada de trabajo matinal, justo antes de la hora de comer. Cuando el realizador corta, si la toma es buena, mientras nos quitan los micros, bebemos un poco de agua, picoteamos con prisa algo de comida del bodegón de *atrezzo* de la mesa al tiempo que lo están retirando, porque en ese momento tenemos la adrenalina alta y el desayuno lejos, se termina de recoger el material técnico y se apagan los focos. Cuando el *show* acaba y el telón baja, Salva y yo charlamos un rato en un tono más relajado. Bien de algún fleco del tema que acabamos de grabar, bien de las noticias y ecos de sociedad de la tele, bien de la vida en general, bien de todos ellos.

En aquel momento nos encontrábamos en la cresta de una de las últimas olas de infectados por el virus y ese día la conversación transcurrió entre el negacionismo de los antivacunas, los últimos bulos aparecidos sobre el origen del coronavirus, la proliferación incesante de noticias falsas y retorcidas en redes sociales, y cómo el léxico catastrofista de ciertas informaciones de los medios, añadido a todo lo anterior, aumentaba de manera innecesaria la preocupación dañando seriamente la salud mental, que era considerada ya, junto al covid y la obesidad, miembro de pleno derecho de la alianza de pandemias que amenazaba sin tregua la vida de la gente. Luego continuamos por otros derroteros preguntándonos cómo era posible que aceptásemos con tanta facilidad el engaño descarado que revolotea alrededor de la publicidad de la comida procesada. Aunque esos productos industriales se vendieran, probaran, acariciaran, lamieran y hasta besaran en los anuncios protagonizados por cocineros mediáticos, exconcursantes de *realities,* presentadores de concursos, periodistas de informativos —sí, los hay, y deportivos también— u hombres y mujeres del tiempo, nadie parecía tragarse esa cháchara, ni siquiera ellos, por supuesto. Lo increíble de este asunto es que todo el mundo es consciente de que la mayoría de esos pseudoalimentos son perjudiciales para la salud. ¡Quién no ha sospechado nunca que algunos de estos productos que se calientan y hacen chup-chup sabrían vomitivos si no fuera por su insano contenido en sal, azúcares, edulcorantes, potenciadores del sabor, glutamato, guanilato y una larga lista de aditivos más! Por más que nos asombre, a pesar de todo lo que sabemos, seguimos comprándolos. Esta es la realidad que estuvimos debatiendo entonces. Salva sacó a colación una cita de T.S. Eliot, uno de los grandes poetas en lengua inglesa del siglo XX, que dijo: «La humanidad no puede soportar demasiada realidad». De regreso a comer a casa, aventuré en mis reflexiones que el poeta podría muy bien referirse al ejercicio gigantesco de autoengaño colectivo que hace la humanidad para soportar la vergüenza y la culpa de su deseo de engañar y ser engañada, incluso a la gente que quiere y que le otorga su confianza. Me sacó de aquella profundidad la reconocible voz del anuncio del chup-chup en la paella. Lo cierto es que tenía hambre.

Razón y emoción, dos reacciones distintas

Si la verdad nos hace libres y más fuertes, ¿cuál será la inescrutable razón universal por la que, cuando pensamos firmemente que está mal ser infiel a nuestra pareja, lo intentamos en cuanto se presenta la oportunidad? Menospreciamos al diferente, pero después nos enoja que nos lo reprochen en público. Proclamamos la necesidad de tener un sistema fiscal justo que iguale a todos los contribuyentes del país y, al mismo tiempo, evadimos impuestos a través de sociedades *offshore* en paraísos fiscales. Si de verdad estamos tan seguros de que la comida procesada que la publicidad nos vende a raudales es bazofia, ¿por qué seguimos comprándola? ¿Por qué seguimos engañando y autoengañándonos como nos muestran todos estos casos? La respuesta es más corta que la pregunta: porque nos dejamos arrastrar por los sentimientos.

La razón y la emoción son dos maneras distintas de reaccionar ante las dificultades. El cerebro las pondrá en marcha cuando necesitemos resolver un problema. Ambas forman parte del mismo equipo. Colaboran, se hablan, se miran, no irá cada una por su lado. Se trata de procesos interconectados con información ejecutiva para coordinar una respuesta exitosa. Pero respondemos con incoherencia porque lo primero que nos mueve a actuar es la emoción y no el pensamiento. La selección natural nos ha configurado con esa condición porque ante una amenaza o peligro evidente es más ventajoso tener una reacción de miedo que nos obligue a huir o a prepararnos fisiológicamente para luchar que tomarnos un tiempo para pensar con calma e inermes. Mientras meditas una solución, corres el riesgo de que te devoren en una fracción de segundo. Una respuesta emocional favorece más la supervivencia de la especie.

Pues bien, nos guste o no nos guste esta imposición de la naturaleza, nos amoratemos de rabia y nos inflamemos de ira por estar en total desacuerdo con ella, casi siempre constituirá el patrón de reacción de nuestra conducta ante los problemas de la vida. En este «casi siempre» radica otro núcleo de la cuestión. El cerebro crea la conciencia, no sabemos todavía muy bien de qué manera, como un salvoconducto para evadir este condicionante implacable en determinadas circunstancias. Es decir, cuando actuamos en conciencia, lo hacemos por coherencia a pesar de los sentimientos que alberguemos. Pero, en general, no emprenderemos una acción solo porque creamos que es lo más decente, ni siquiera lo más sensato, sino, ante todo, porque experimentamos satisfacción consumándola. Hacer lo correcto será fácil cuando los valores y las creencias de nuestra identidad personal estén de acuerdo con lo que sentimos. Entonces las acciones que llevaremos a cabo sí serán consecuentes con nuestros sentimientos y creencias. Pero en la vida real no se prodiga la coherencia. En la mayor parte de las situaciones, aquello que consideramos como un recto proceder no suele coincidir con nuestros verdaderos sentimientos. Si acabamos haciendo lo contrario de lo que pensamos, es probable que nos sintamos mal, culpables e incluso avergonzados por ello.

El autoengaño como amenaza para el buen funcionamiento social

El autoengaño es una solución inventada por la mente para disminuir el malestar por no vivir con verdad, para paliar la falta de coherencia entre lo que se siente, lo que se piensa, lo que se dice y lo que se hace. No soportamos ver esa cara tan horrible de nuestra identidad y, sobre todo, tenemos pánico a que los demás descubran la fealdad moral que escondemos. Ahora surge la gran pregunta que presiento que todos nos estamos haciendo: ¿no sería bastante más fácil, armonioso y saludable que, en lugar de montar una enrevesada estrategia de ocultación mental, dijéramos la verdad, actuásemos con sinceridad, pensásemos libres de engaño para sentirnos tan bien como cuando éramos niños justos e ingenuos? La respuesta es obvia, pero es de sobra conocido que las relaciones humanas sienten fascinación por la complejidad. Aunque si los sentimientos dominan tan instintivamente sobre la razón en la puesta en marcha de nuestros actos, tal vez no podamos evitar ser como somos. Sin embargo, los humanos disponemos de suficiente voluntad, entusiasmo, ética, empatía, solidaridad, tesón e imaginación para crear algo más que este encogido mundo engañoso en que vivimos, ¿o no? Al menos siempre estamos alardeando de ello.

Así es el autoengaño, un absurdo sin conciencia. Representa una amenaza para el buen funcionamiento social porque causa daño sin querer hacerlo y no se da cuenta de que lo está provocando. Dispara sin saber que lo hace. Por eso tenemos que ser muy cautos al juzgar a la gente, para no forzarla a situaciones de autoengaño indeseables. Hay que conceder el beneficio de la duda a los tímidos, a los impulsivos, a los pesimistas, a los hiperactivos, a los demasiado pasivos, a los muy ingenuos y a los soñadores empedernidos, porque sus programas innatos han condicionado su temperamento sin que puedan remediarlo. Todos nos hemos encontrado con personas inteligentes, formadas, voluntariosas, que rebajan su currículo y quitan importancia a su trabajo para no parecer tan valiosas. Suele deberse a la timidez y no a la falsa modestia. La predisposición a ser introvertidos es uno de los programas que el cerebro trae instalados al nacer. Será un rasgo difícil de modificar y no dependerá del empeño personal que pongamos. Estas personas sufrirán, tal vez se enfurecerán por ser como son, pero no deberían sentirse culpables. Sin embargo, cuando la tendencia hoy en las relaciones sociales es la hiperemocionalidad, se ven inundadas por el remordimiento de no ser tan emocionables, simpáticas, expresivas y divertidas como los demás. En el fondo todos queremos que nos quieran y parecer buenos a los ojos de quienes nos miran. Pero estas personas de carácter reservado sucumben con frecuencia al autoengaño, aunque suene paradójico, para desfigurar su imagen y sus cualidades, para no destacar. No quieren despertar recelos ni herir susceptibilidades, y si es posible no saludar ni ser saludadas para pasar inadvertidas.

El autoengaño tiñe por completo nuestra vida, en particular los juicios morales. Aunque no lo percibamos, acaba grabándonos una forma particular de ética que aplicamos en casi todas las situaciones, desde las intrascendentes hasta las más trascendentales. Si caminando una tarde con buen tiempo hasta casa después del trabajo divisamos a media distancia a un conocido del vecindario, lo saludamos con un gesto y no nos devuelve el saludo, aunque estamos seguros de que nos ha visto, de inmediato nos asaltará la duda. ¿Lo habrá hecho por timidez o por mala educación? Acusaremos peor su mal gesto si encima nos ha dado vergüenza saludar con la mano en vano delante de otra gente. La sutil pero importante diferencia que juzgamos aquí es la intencionalidad. Para las leyes y la justicia probar intencionalidad es un agravante que puede condenarte. Pues bien, si al final terminamos creyendo que el vecino lo ha hecho por mala educación, nos enfadaremos y le guardaremos rencor. Sin embargo, la mayoría de la gente acaba autoengañándose en estos casos al pensar que ha sido sin intención, aunque tenga otros elementos de juicio para pensar que no ha sucedido así. Lo hacemos no porque le otorguemos el beneficio de la duda, sino por no asumir la «espantosa» idea de haber sido despreciados en público. Este mecanismo de autoengaño nos llevará a ser condescendientes al juzgar a los defraudadores sociales. Famosos que se descubre que ocultan sus fortunas al fisco, políticos a los que se les recrimina que no cumplan lo prometido, empresarios que no pagan a sus trabajadores y se declaran en falsa quiebra para no hacerlo. Preferimos exonerarlos de intencionalidad antes que sentir vergüenza ajena al ponernos en su lugar. Nadie querría pertenecer a un Estado cuya primera autoridad fuera un estafador y preferimos autoengañarnos quitándole hierro y negando la evidencia. Esta es una prueba más de que los sentimientos dominan sobre la razón. Cuando los indicios de culpabilidad de alguien son abrumadores, para no sentir vergüenza de uno mismo defendiendo lo indefendible, la razón no tiene más remedio que actuar y salir en nuestro rescate. Entonces argumentamos que esa persona nos tenía engañados, pero ahora hemos abierto los ojos. La vergüenza propia y ajena es una gran fábrica de autoengaño.

La conciencia universal de honestidad

Llegados aquí, podría parecer que algo no cuadra en todo este asunto. Porque si estamos tan condicionados para engañar, ¿qué sentido tiene que al nacer ya seamos capaces de distinguir lo bueno de lo malo? Los niños pequeños conservan intacto el principio innato de justicia, a veces incluso sometidos a condiciones adversas de castigos, maltrato, iniquidad y miseria que podrían quebrantarlo. La humanidad es capaz de compartir una conciencia universal sobre lo que es ser honesto. Y adquirimos esa conciencia cuando apenas somos neonatos. La mayoría de nosotros ha experimentado ataques de rectitud. ¿Quién no ha sentido alguna vez el irrefrenable deseo de hacer lo correcto y actuar en conciencia en una situación que nos parecía indecente e injusta, a riesgo de que nos perjudicara? Esto constituye el «casi siempre» que vimos antes, que se escapa al patrón troquelado del cerebro. Sin embargo, por lo general aceptamos con resignación que nuestro sentido de la honestidad cambie con el tiempo. Pero a veces lo hace tanto que no nos reconocemos. La neurociencia demuestra que los programas innatos del cerebro determinarán la manera en que interpretamos la realidad y percibimos el futuro. La tendencia a ser optimistas o pesimistas, tranquilos o movidos, abiertos o introvertidos, activos o pasivos influirá en nuestro temperamento y nos acompañará siempre. Los principios de justicia y equidad son congénitos, y serán unos rasgos poco maleables, aunque eso no significa que sean inmutables. Cambian, se reprimen, pero no se pierden. Busquémoslos bien en nuestro interior porque están ahí, seguro. Es probable que estén sepultados bajo telarañas en las profundidades de la mente inconsciente, pero para desactivar el autoengaño será imprescindible rescatarlos.

La recompensa y el castigo

Es posible que algo nos haya descuadrado de nuevo. ¿Para qué queremos ser más honrados si lo que guía la mayor parte de las decisiones en la vida no es la justicia, la ética o la moral, sino los principios mucho más básicos de la recompensa y el castigo? Lo explico. Se calcula, por el tamaño del cerebro humano, que una persona es capaz de gestionar directamente grupos formados por ciento cincuenta individuos como máximo. Si son más numerosos, controlar la actividad de todos los miembros y las interrelaciones entre ellos sería muy complicado para una sola persona. Cuando las comunidades crecieron hubo que implantar reglas y normas culturales para manejar la excesiva agresividad social y conductas delictivas como robar, violar o matar, que podían dar al traste con la convivencia. Se fundaron las ciudades con masas ingentes de pobladores anónimos y los problemas se multiplicaron. Las instituciones religiosas y políticas descubrieron unas armas más poderosas que apelar a los principios éticos y morales innatos para regular la conducta emocional de las multitudes. Estas armas fueron el señuelo de la aspiración al premio, pero sobre todo el miedo al castigo. Asociar a una ley u orden directa una emoción o consecuencia negativa del tipo «si no te estás quieto, te comerá el coco», «si te retrasas en el pago de los impuestos municipales, habrá un recargo», funciona muy bien como control social. Nos esforzaremos y estaremos dispuestos a someternos a cualquier sacrificio para evitar un sufrimiento inmediato porque la primera respuesta de miedo al castigo es emocional, como lo son todas las reacciones instantáneas. En este caso, nuestra conducta cambiará rápido y accederemos a cumplir las condiciones impuestas. Pero si la expectativa de castigo no es inmediata, la mente piensa, cavila y busca una solución para resolver el problema sin cambiar de conducta. Las maniobras para diferir el castigo zafándonos del dolor de recibirlo de forma inmediata abocan por lo general al engaño deliberado y al autoengaño. La estrategia del miedo es tan eficaz para provocar cambios en el comportamiento de la gente que a veces caemos en la tentación de emplearlo para luchar por ideales de razón y justicia. Un ejemplo claro de este uso es la lucha contra el cambio climático. Sin embargo, su dudosa ética nos lleva a autoengañarnos sobre su legitimidad, lo que hace muy difícil salir del círculo vicioso. Por este motivo será indispensable recuperar nuestro sentido de la honestidad y rehabilitarlo si queremos empezar a vivir con verdad.

RESUMEN DEL CAPÍTULO

- Lo primero que nos mueve a actuar es la emoción y no el pensamiento. Hacemos las cosas porque sentimos satisfacción, no porque sea lo coherente, lo más correcto ni lo más sensato.

- El autoengaño es una solución de la mente para disminuir el malestar de no vivir con verdad, por la falta de coherencia entre lo que se siente, lo que se piensa, lo que se dice y lo que se hace.

- El autoengaño es una amenaza para el buen funcionamiento social porque causa daño y no se da cuenta de que lo está provocando. Nos confiere una forma particular de ética que influirá en nuestros juicios morales.

- La humanidad es capaz de compartir una conciencia universal sobre lo que es ser honesto. Los niños pequeños conservan el principio innato de justicia, a veces en condiciones muy adversas.

- La mayor parte de las decisiones en la vida no las guían la justicia, la ética o la moral, sino principios mucho más básicos, como la recompensa y el castigo.

- Nos esforzaremos para evitar un sufrimiento inmediato por miedo al castigo, pero, si no es inmediato, nuestra mente busca una solución para zafarse del castigo, y recurre para ello al engaño y al autoengaño.

2. CÓMO HACER FRENTE AL AUTOENGAÑO

Es posible que nos hayamos preguntado muchas veces si el polígrafo al que se someten los famosos en los *realities* es de verdad un detector de mentiras. Parte de las reacciones que se validan en esta prueba provienen de la actividad electrodérmica del cuerpo, que mide las variaciones en las propiedades eléctricas de la piel producidas por la sudoración. Si se trata de un psicópata que no suele manifestar sus sentimientos, quizá el polígrafo no detecte bien los cambios emocionales, como nos muestran algunos sospechosos en las series policiacas. Lo cierto es que cuando tenemos una respuesta emocional, la actividad de las glándulas sudoríparas se dispara incrementando la conductancia de la piel. No nos damos cuenta de estos procesos porque los regula el sistema nervioso simpático, que actúa con independencia de la conciencia. Este sistema funciona modulando la conducta, los estados mentales y las emociones a nivel inconsciente. La actividad electrodérmica es capaz de traducir las emociones de ira, miedo, sobresalto y excitación sexual. Puede diferenciar estados de ansiedad, de confusión mental o de compromiso a la hora de tomar decisiones. En algunos casos demuestra una sensibilidad fina al distinguir si nos sentimos tratados de forma justa o agraviados.

La supresión de la verdad como germen de algunos trastornos emocionales

Sabemos que los humanos prestamos mucha atención cuando oímos la voz de otro ser humano, e incrementamos todavía más ese interés cuando escuchamos reproducida nuestra propia voz. Los investigadores idearon un experimento en el que los participantes tenían que determinar si la voz que escuchaban en una grabación era la suya o no, al tiempo que se medía la actividad electrodérmica de la piel, cuyo valor se duplica cuando alguien oye su propia voz, aunque sea durante unos segundos. En resumen, iban a hacerles pasar la prueba del polígrafo para detectar posibles «mentiras»; es decir, si había falta de coherencia entre el reconocimiento de su voz de forma consciente e inconsciente. La autoestima influye en el momento de negar o reconocer tu voz. Por eso, antes había sido necesario manipular sus estados de ánimo. Hacer sentir mal a alguien es bastante fácil. Solo con ponerlo ante un espejo y decirle «mira qué mal estás», la autoestima se desploma. Con la autoimagen de los participantes del experimento se hizo algo parecido. Se los sometió a un examen ficticio que se puntuó al azar. A continuación, se les pasó la grabación de un texto montado con piezas de unos pocos segundos de su voz remezcladas con otras voces parecidas, según sexo y edad. Los que se sentían mejor por haber obtenido una buena nota en el examen aseguraban identificar su voz también cuando oían las de otros. Los de peor calificación fallaban más en el reconocimiento de su propia voz. La que supo si era o no su voz en cada respuesta fue la piel de los participantes, que acertó en todos los casos con una activación del detector. El experimento sirvió para demostrar que se guardan en la memoria dos versiones de la misma realidad una en la mente consciente y otra en el inconsciente.

En el autoengaño solo seremos conscientes de la versión falseada de la realidad, aunque algunos datos de la copia verdadera almacenada en el subconsciente pueden aflorar a la conciencia interfiriendo en la actividad mental, creándonos inquietud y malestar cuando se nos escapa algo inconveniente que no queríamos decir y no sabemos siquiera por qué lo hemos dicho. A buen seguro que la mayoría hemos vivido algo parecido. ¡Qué mal se pasa cuando queremos quitarnos de la cabeza sin conseguirlo un pensamiento inoportuno o disimular una emoción incómoda que nos asalta por sorpresa cuando estamos rodeados de otra gente! Nos avergonzaría mucho que se desvelaran ante los demás porque suelen afectar a las personas que estamos mirando en ese preciso momento mientras conversamos. Cuanto más lo intentamos, menos conseguimos quitarnos de la cabeza esos pensamientos intrusos. Nos sentimos abstraídos, apagados, cuidadosos de que no se nos noten. Es normal, no lo estamos pasando nada bien. Aunque en esta ocasión es evidente que el proceso mental de autoengaño está fallando, lo habitual es que se produzca sin que nos enteremos. Nos autoengañamos en muchas más situaciones de las que nos atreveríamos a admitir si fuéramos conscientes de ello. Pero esto tiene un coste. La supresión de la verdad en la mente consciente constituye el germen de algunos de los trastornos emocionales más frecuentes que nos afectan hoy en día y que llegan sin que apenas nos demos cuenta.

El autoengaño como proceso adictivo y cómo hacerle frente

Debemos ser conscientes de que el autoengaño es un proceso adictivo que va a más y que puede alejarnos a miles de kilómetros de la realidad. Pone en marcha una manipulación de la verdad cuando la información real llega a nuestro cerebro a través de los sentidos y la conciencia. En ese proceso de distorsión se puede llegar al extremo de que guardemos solo la versión falseada de la realidad sin siquiera almacenar la verdadera. Esto ocurre de una manera tan rápida y precoz que los datos se borran sin dar tiempo a que se archive una copia con la información real, con lo que ya no habrá que suprimirla para impedir que aflore a la conciencia y lo pasemos mal pensando algo que no queremos pensar o diciendo algo que no queremos decir.

Para hacer frente al autoengaño, como el hecho de falsear la verdad es involuntario y no podemos controlarlo, será clave que prestemos atención plena a los acontecimientos que pueden tener consecuencias negativas para nosotros. No hagamos nunca nada que sea importante en piloto automático, porque podríamos estar favoreciendo el autoengaño y perjudicarnos. Debemos estar muy concentrados en cómo suceden los hechos de verdad cuando afectan a aspectos personales como la autoimagen, la autoestima, la autoconfianza, el autoconocimiento, el autocuidado, el autocontrol, la autoexigencia y la automotivación, porque es donde más nos autoengañamos. Para intentar reconstruir en la conciencia la verdadera realidad de algo ya sucedido necesitaremos ganar calidad de información y rellenar los huecos sobre lo que recordamos. Para reelaborar el recuerdo de los detalles más importantes buscaremos momentos del día en que estemos relajados, meditando o ya en la cama, disponiéndonos a dormir. La memoria funciona como un documento de Word, que guarda siempre la última versión de lo recordado. Nuestra tarea es repasar los datos que sabemos, que teníamos anotados y que hemos contrastado con otras personas para restaurar la secuencia de los hechos en la conciencia. Seguiremos practicando en adelante este hábito de recordar detalles para hacer más sólidas las versiones verdaderas. Hay que estar muy centrados en este propósito sin abandonarlo. La destreza en esta habilidad se va consiguiendo poco a poco, con perseverancia. Un paso en paralelo será entrenar el sentido de la honestidad que nunca perdimos, para que gane músculo y se rehabilite. Empezaremos a ponerlo en práctica en pequeñas acciones cotidianas, actuando siempre en conciencia y procurando decir la verdad, aunque nos duela o nos perjudique. Al principio es posible que no obtengamos recompensa alguna, incluso que nos sintamos extraños y pensemos que pecamos de ingenuos por actuar de forma diferente a lo acostumbrado y a lo que hace el resto de la gente, pero se atenuará.

Llegados a este punto, os estaréis preguntado: ¿para qué necesitamos unos sentidos superdesarrollados que obtengan datos precisos y fiables del mundo que nos rodea, si luego incluso los destruimos antes de que la mente los procese? Lo que sí tenemos claro es que la falta de conciencia parcial o total de la realidad que provoca el autoengaño genera malas decisiones en la gente, opiniones equivocadas, conductas artificiales y actitudes erróneas que dinamitan las relaciones personales. Un efecto demoledor del autoengaño se refiere a la manipulación de colectivos a los que se «vende» una verdad con un propósito determinado, a veces inconfesable. Este resultado se observa en sectas, grupos armados, partidos políticos, hinchas de fútbol y seguidores de gurús carismáticos en redes sociales, entre otros muchos grupos. La mejor manera de afrontar el autoengaño colectivo es afinar nuestro sentido crítico cuando participamos en actividades grupales.

Parafraseando a Groucho Marx: «Nunca pertenezcas a un club que admita el autoengaño como miembro». El autoengaño colectivo es tan eficaz para convencer a los ciudadanos de los motivos para ir a una guerra como para modificar la percepción de las desigualdades económicas, de derechos y de oportunidades dentro de cada país. Ante la desigualdad extrema en un mundo opulento, calado hasta el tuétano por la economía del crecimiento infinito, se favorecen modalidades de autoengaño colectivo sobre la distribución global de la riqueza. Las investigaciones revelan que, en las regiones del planeta con mayores niveles de desigualdad, la percepción de los ciudadanos subestima la realidad, es decir, se autoengañan para creer que la situación no es tan grave y reducir así su malestar psicológico. En los países occidentales donde existe una mejor distribución de los recursos materiales entre amplias clases medias, a pesar de que el número de millonarios se ha disparado y albergan todavía importantes bolsas de pobreza, el autoengaño común es que con trabajo y mérito profesional cualquier persona puede llegar a convertirse en lo que desee y tener una vida acomodada. Hoy todo el mundo sabe que el capital económico ya no está interesado en la fuerza del trabajo de la gente para producir dinero. Su alianza con el sector financiero y la tecnología es muchísimo más rentable. Sin embargo, las personas más desfavorecidas en lo material son las primeras en aferrarse a esta creencia de que con trabajo duro, voluntad y determinación puedes llegar a ser rico. Admitir su error sería destapar aún más la vergüenza de ser pobre a pesar de trabajar a veces de manera inhumana. Algunos estudios revelan que recurren menos al autoengaño grupal quienes poseen una autoestima alta y la suficiente autoconfianza para comentar de manera abierta información negativa que empaña su imagen y su reputación. Por tanto, reforzar la autoestima y la autoconfianza será de gran ayuda para hacer frente al engaño propio.

¿Cuántas veces habremos oído, incluso pronunciado «yo ya no puedo cambiar»? Es autoengaño, pura excusa para quedar bien ante los demás sin dar nuestro brazo a torcer. La plasticidad del cerebro permite remodelar nuestra identidad personal hasta el último segundo de vida, pero nos convenceremos de que no podemos cambiar para no tener que hacerlo. Cuando nos enfrentamos a creencias distintas, sentimientos nuevos y valores diferentes a los nuestros, aunque en el fondo los comprendamos y hasta podríamos llegar a compartirlos, nos dedicamos a rechazarlos con vehemencia. Argumentamos que no van con nosotros, con nuestras convicciones, con nuestra educación, o que no son de nuestra época. Este tipo de autoengaño tiene un serio problema. Cuando reducimos la identidad esencial a unos pocos rasgos inamovibles, nos volvemos más vulnerables. Si me defino tomando como base una sola creencia o valor principal, como ser soldado y regirme por el código militar, al retirarme perderé esa condición, y me convertiré en un civil. Es probable que entonces tenga una crisis de identidad. Si mi autodefinición principal es ser vegetariano y a causa de una enfermedad o fuerza mayor tengo que dejar de serlo, entraré en crisis. Si nos autoengañamos sobre nuestra identidad, perdemos parte de nuestra capacidad de adaptación cuando la vida nos enfrenta a un desafío ineludible.

Aspectos positivos del efecto placebo

Ahora llegan las buenas noticias. En algunos casos muy limitados, autoengañarse puede ser positivo. Es frecuente oír decir a las personas mayores: «A mi edad no voy a cambiar». Sin embargo, parece que la selección natural compensa esta actitud con un sesgo en la percepción de la realidad que hace que en edades avanzadas nos quedemos con los aspectos más agradables de las cosas. Así generamos emociones positivas que producen una respuesta inmunitaria más intensa que puede ayudarnos en la lucha contra enemigos internos como el cáncer y las enfermedades degenerativas. La información negativa de la realidad no se contempla o no se recuerda. En estas situaciones es posible que los nietos observen a sus abuelos con admiración porque nada parece preocuparles demasiado, siempre están de buen humor, en buena sintonía y con tendencia a verlo todo por el lado bueno. Pero puede ocurrir lo contrario, que esos mayores de los que hablamos sean unos cascarrabias y estén siempre de mal humor. Esa actitud no tiene que ver con el autoengaño, sino que se debe a que, con la edad, las personas sufrimos deficiencias en nuestro sistema ejecutivo cerebral. Surgen impedimentos para detenernos justo en el momento en que ya se ha iniciado una conducta que queremos inhibir. Al perder poco a poco la capacidad de control de la inhibición, terminamos comportándonos de manera socialmente inadecuada. Aparece verborrea sin motivo, usamos con frecuencia expresiones estereotipadas, hacemos comentarios en público aireando cuestiones privadas y tenemos mayor dificultad para compartir el punto de vista de los demás.

El efecto placebo es el gran ejemplo del autoengaño beneficioso. Se asocia con la predicción que hace el cerebro sobre cambios positivos en nuestro estado de salud tras la aplicación de una terapia o la administración de un tratamiento farmacológico. El hecho de que los enfermos de alzhéimer no experimenten el efecto placebo se relaciona con su incapacidad de prever el futuro. El placebo se nutre de la sugestión y surtirá efecto aunque sepamos a ciencia cierta que estamos tomando un placebo. Cuando estamos deprimidos somos especialmente sensibles a él porque en realidad esta forma de autoengañarnos nos da esperanza. Deberemos estar muy atentos en estos casos porque la esperanza es improbable que ocurra y nos lleva, en ocasiones, a dejar de tomar decisiones valiosas en el presente, como no aceptar un tratamiento médico para el cáncer. Un estado de excesiva esperanza también podría hacernos caer en las redes de peligrosos autoengaños colectivos.

RESUMEN DEL CAPÍTULO

- La supresión de la verdad en la mente consciente causada por el autoengaño constituye el germen de algunos de los trastornos emocionales más frecuentes que nos afectan hoy.

- El autoengaño es un proceso adictivo que va a más y que puede alejarnos a miles de kilómetros de la realidad. Pone en marcha una manipulación de la verdad cuando la información real llega a nuestro cerebro a través de los sentidos.

- Para afrontar el autoengaño, será clave no hacer nunca nada que sea importante en piloto automático cuando afecte a la autoimagen, la autoestima, la autoconfianza, el autoconocimiento, el autocuidado, el autocontrol, la autoexigencia y la automotivación.

- Para tener conciencia de una realidad sobre la que nos hemos autoengañado necesitaremos rellenar los huecos sobre lo que recordamos con datos contrastados. Para habituarnos a hacerlo buscaremos momentos del día en que estemos relajados.

- La mejor manera de afrontar el autoengaño colectivo es desarrollar nuestro sentido crítico cuando participamos en actividades grupales.

- Recurren menos al autoengaño quienes poseen una autoestima alta y la suficiente autoconfianza para comentar de manera abierta información negativa que empaña su imagen y su reputación.

- El efecto placebo es una forma positiva de autoengaño que se nutre de la sugestión mental de mejoría tras un tratamiento médico.

3. LA REVOLUCIÓN DE LAS RECOMPENSAS

Uno de los enigmas más fascinantes de la prehistoria es, sin duda, el nacimiento de la agricultura, que conducirá a la humanidad a una revolución de las recompensas de las necesidades básicas, lo que cambiará por completo su forma de estar en el mundo. El *Homo sapiens* llevaba alrededor de 300.000 años habitando el planeta cuando tuvo lugar ese hito para nuestra especie. Durante ese larguísimo periodo de tiempo, casi inimaginable, los humanos desarrollaron la cultura con innovaciones en la fabricación de herramientas, rituales funerarios y manifestaciones artísticas sorprendentes. Sufrieron adaptaciones biológicas y se mezclaron genéticamente con otras especies humanas, como neandertales o denisovanos, que habían evolucionado, desde un ancestro común africano, en Europa y Asia. Protagonizaron avances increíbles gracias a su extraordinario cerebro y a su capacidad de cooperación. Sin embargo, desde que abandonaron África en sucesivas migraciones que los dispersaron hasta los contines de la superficie terrestre, siempre se mantuvieron fieles al modo de vida primitivo de sus ancestros cazadores-recolectores.

Hace unos 12.000 años los humanos modernos comenzaron a cultivar especies vegetales seleccionadas y criaron animales domesticados para satisfacer la necesidad básica de alimentarse. El fenómeno ocurrió al menos en once zonas del mundo situadas en Asia, África, América y Oceanía durante los cinco milenios siguientes. Nadie sabe a ciencia cierta qué pasó en realidad para que la chispa saltara de forma casi simultánea en poblaciones humanas tan alejadas, sin posible conexión entre ellas.

El cerebro evolucionó para anticipar el futuro

La misión que tiene encomendada el cerebro humano es predecir el futuro. Su afán será pronosticar qué consecuencias tendrá para nosotros lo que está sucediendo en el presente, para buscar una solución favorable que nos permita afrontar con éxito el porvenir. Memoriza los hechos del pasado para saber cómo comportarnos cuando ocurran de nuevo, dependiendo de si entonces obtuvimos una recompensa o un castigo. Anticipar el futuro para prever lo inmediato y planificar a medio plazo lo que está pendiente de hacer es extraordinariamente útil para desenvolvernos en el mundo. Sin embargo, el cerebro llega a un punto crítico cuando nos acostumbramos a anticipar en exceso las amenazas, pues le ocasionamos problemas de funcionamiento. El miedo no es más que una preocupación que proyectamos hacia el futuro. Se producirá una rumiación de pensamientos con visualizaciones negativas de una realidad que aún no ha ocurrido. Esto no quiere decir de ningún modo que nuestras preocupaciones no estén basadas en hechos reales. El dolor que experimentamos por traumas y sucesos negativos que nos afectan sin que hayamos podido impedirlos es muy real. Pero si proyectamos la preocupación por ese dolor hacia el futuro acabamos convirtiéndolo en un sufrimiento innecesario que nos atrapa. Para recuperar la libertad emocional es imprescindible que volvamos a vivir en el presente y aprendamos a gestionar las preocupaciones sin anticipar el futuro negativo de lo que todavía no existe.

Otra situación crítica para el cerebro es que solo puede concentrarse plenamente en un cometido cuando se activa en modo consciente. Esto nos obliga a aligerar de continuo la carga mental para prestar atención a la tarea prioritaria que exige cada momento, en especial si tenemos que tomar decisiones valiosas. La mente inconsciente ejecutará la mayor parte de las funciones no esenciales de manera automática tratando de aliviar la sobrecarga mental. Por esta razón los automatismos que construyen los hábitos son tan útiles para el cerebro. Ejecutamos tareas fundamentales de forma inconsciente porque ya están codificadas y no es necesario que volvamos a tomar nuevas decisiones sobre ellas. De esa manera ganaremos tiempo libre de carga mental para emplearlo en nuevos intereses que descubramos. Liberar parte del tiempo comprometido en necesidades básicas como buscar comida o calentarnos para dedicarlo a actividades más satisfactorias ha sido una aspiración universal desde que nuestros ancestros dominaron el fuego y adquirieron habilidades para fabricar herramientas que pusieran a su alcance una vida más confortable.

El sistema de recompensas como eje conductual

Los seres humanos actuales, al igual que los antepasados del Paleolítico, razonamos y tomamos la mayoría de las decisiones siguiendo un sistema dual de recompensas y castigos, que generan respectivas emociones positivas y negativas, que a su vez se traducen en sus correspondientes sentimientos de satisfacción y malestar. El eje de la conducta suele ser «lo que se premia se repite, lo que se castiga se evita». Si algo nos satisface, pensamos que nos gustará hacerlo en el futuro e intentaremos repetirlo. Si algo nos produce malestar, nos convencemos de que nos disgustará hacerlo en el futuro e intentaremos evitarlo.

En los animales, los deseos de aparearse, buscar comida y agua, hallar un lugar para descansar al caer la noche, resguardarse del frío y ponerse a salvo de sus depredadores persiguen una recompensa inmediata en un periodo que suele abarcar desde unos segundos a unas horas dentro del mismo día. La razón evidente es que aplazar la satisfacción de estas necesidades podría complicarles la vida. Nuestros antepasados cazadores-recolectores preferían también los resultados rápidos de las recompensas inmediatas. Sus esfuerzos estaban centrados en resolver los problemas planteados en su presente y futuro cercano. Las consecuencias de lo que ocurriría en un futuro distante les preocupaban menos, aunque por su evolución neuronal tuvieran la facultad de anticiparlas mentalmente.

Recompensa inmediata y diferida

Es intuitivo pensar que, si la evolución favoreció durante millones de años las recompensas inmediatas en los primates, los primeros homínidos, las otras especies humanas y en el *Homo sapiens* durante cerca de trescientos mil años, no había ninguna razón para que el cerebro humano se conformase con un beneficio diferido en el tiempo como recompensa a sus necesidades y a su trabajo. Sin embargo, así fue a partir de la irrupción de la agricultura y el aplazamiento de las cosechas, lo que produjo un cambio radical de mentalidad. Una hipótesis sobre por qué ocurrió podría ser que el *Homo sapiens* comenzase a tener miedo a la desaparición colectiva, a la muerte de la especie y albergara el anhelo de perdurar en la Tierra. Los humanos del Paleolítico, en su larga andadura. Vieron muchas veces cómo morían de inanición poblaciones enteras de *sapiens* por no conseguir una recompensa inmediata a su necesidad de comer. Quizá empezaron a preocuparse en serio por su supervivencia. Anticipaban un futuro cada vez más negativo e incierto, visualizando consecuencias irreparables para su comunidad y, probablemente, por primera vez encontraron más satisfacción en hacer algo para impedir su desaparición que en no hacer absolutamente nada.

RESUMEN DEL CAPÍTULO

- Una recompensa emocional tiene como propósito satisfacer el deseo provocado por una necesidad, sea esta básica o adquirida.

- Los seres humanos actuales, al igual que los antepasados del Paleolítico, razonamos y tomamos la mayoría de las decisiones siguiendo un sistema dual de recompensas y castigos, que generan respectivas emociones positivas y negativas.

- Los cazadores-recolectores tuvieron que abandonar la mentalidad de las recompensas inmediatas y aceptar las recompensas diferidas de la agricultura, con la que tenían que esperar hasta la cosecha para ver recompensado su trabajo.

- El cerebro humano tuvo que aceptar recibir una recompensa diferida en el tiempo, que es menos segura que obtener una recompensa inmediata desde el momento en que surge la necesidad.

- Una explicación de la revolución de las recompensas es que la presión selectiva favoreciera una nueva mentalidad que hiciese posible aquel salto de la recompensa inmediata a la recompensa diferida que permitiría la agricultura.

4. CÓMO GESTIONAR LAS RECOMPENSAS

La revolución de las recompensas consolidó un cambio de mentalidad en los humanos a partir del Neolítico. Se introdujeron recompensas diferidas en el tiempo, que sustituyeron a algunas recompensas inmediatas. Las recompensas diferidas implicaban la decisión de asumir un riesgo e invertir esfuerzo, trabajo, materias primas u otras posesiones a cambio de un beneficio ulterior. Esta revolución nos puso aún más en el camino de la humanización y nos convirtió en la clase de seres humanos que somos en la actualidad. Pronto las incipientes instituciones religiosas y políticas comenzarían a utilizar las recompensas aplazadas para sus fines, la promesa permanente de recompensa futura y el premio final de la eternidad. Las recompensas retardadas evolucionaron para hacerse cada vez más y más complejas, y entraron en juego elementos como el engaño deliberado y también el autoengaño. Cuando en 2008 se produjo la crisis financiera mundial por la quiebra de los mercados de valores, se defraudaron seriamente las expectativas de recompensas diferidas de la gente, que temió por su posición económica y su modo de vida. Una de las consecuencias globales de no haber respetado el acuerdo tácito de las recompensas aplazadas fue la crisis paralela de confianza en la ciencia y en el conocimiento, a los que se culpó de no haberlo visto venir, que aún hoy no hemos remontado. Lo hemos comprobado durante la pandemia, en la que esta falta de confianza en la ciencia y las instituciones ha permitido la proliferación de negacionistas, antivacunas, anticientíficos y anti sistema sanitario.

La recompensa diferida y la planificación del futuro

En la actualidad, no solo disponemos de la capacidad de anticipar el futuro distante, sino que estamos sumamente interesados en planificarlo. Tenemos que decidir, actuar, estudiar, trabajar e invertir para ese futuro porque muchas de las recompensas están diferidas hasta dentro de semanas, meses o años. Es importante entender que las recompensas aplazadas suelen ser más beneficiosas que las inmediatas cuando queremos mejorar la salud y en otros aspectos importantes de la vida, como el desarrollo de habilidades y buenos hábitos. Al principio, el retorno puede ser incluso negativo, con sensaciones desagradables. Sin embargo, eso no debe desalentarnos en nuestro compromiso. Aunque no seamos conscientes de ello, los efectos favorables se inician ya con la puesta en marcha del proceso de mejora y se irán incrementando hasta evidenciar los resultados cuando se alcance la recompensa final. Este modelo de recompensa es habitual en los planes de adelgazamiento para lograr un peso adecuado, en los de ejercicio físico para mantenerse en forma, pero también en los programas de estudios universitarios.

A pesar de que nuestro cerebro acepta bien las recompensas aplazadas, seguimos sintiendo cierta predilección por las inmediatas, que entraron en nuestra evolución muchos miles de años antes que las diferidas. Podemos recurrir al aforismo «más vale pájaro en mano que ciento volando» para describir gráficamente que nuestro cerebro sigue valorando más los resultados rápidos y gratificantes del presente que la posibilidad de una recompensa a largo plazo de un futuro distante. Esta preferencia es muy funcional para satisfacer necesidades básicas y urgentes, pero del todo disfuncional cuando se trata de gratificar conductas adictivas, como comer de modo emocional, tabaquismo o abuso del alcohol. Un atracón de comida hipercalórica puede tener un retorno satisfactorio inmediato, pero resultar contraproducente pasado el tiempo. La nicotina calma la ansiedad y el nerviosismo ahora, pero la recompensa de fumar será negativa con los años. El alcohol te relaja y desinhibe de manera instantánea, pero te convertirá en un adicto a medio plazo. Con demasiada frecuencia no prevemos los retornos negativos aplazados en el tiempo que nos traerán el sobrepeso, la falta de ejercicio, el tabaquismo o el abuso del alcohol.

La recompensa inmediata y el retorno negativo

Aunque tengamos muy claro que aplazar la recompensa será lo más favorable para nosotros si deseamos estar más sanos, menos preocupados, tener más autoconfianza y autoestima, es posible que suframos en cualquier momento una falta de coherencia entre lo que sentimos y lo que pensamos. Dependiendo del malestar que sintamos, recurriremos al autoengaño e incluso a desistir de la decisión de esperar. Tenemos que afrontar estas situaciones de manera natural, sin ignorar que cerebro está pidiendo a gritos un poco de satisfacción para aguantar la espera. Démosle una recompensa inmediata para entretenerlo, pero sin entrar en conflicto con la recompensa diferida que deseamos conseguir. Si estamos trabajando para preocuparnos menos, consigámonos más tiempo de descanso y no tengamos un tiempo de ocio que conlleve obligaciones. Si lo que queremos es ganar autoconfianza en la conducción, no hagamos viajes largos y complicados, aunque sean de placer. Si estamos intentando reafirmar la autoestima, frecuentemos a las personas que nos solazan. Si deseamos estar más sanos, no nos concedamos caprichos de comida ultraprocesada; optemos por alimentos más saludables. Es esencial que estas recompensas inmediatas refuercen el objetivo hacia donde queremos dirigirnos y no lo pongan en un compromiso. Mientras llegan los buenos resultados, nos mentalizaremos reconociendo que se necesita un poco de tiempo y apelaremos a la satisfacción de estar haciendo lo correcto para mejorar nuestra vida. Cuando apostamos por recompensas diferidas que son coherentes con aquello con lo que nos identificamos en la vida, necesitamos menos recompensas inmediatas que nos ayuden a conseguirlas.

RESUMEN DEL CAPÍTULO

- Las recompensas diferidas implican la decisión de asumir riesgo e invertir esfuerzo, trabajo, materias primas u otras posesiones a cambio de un beneficio posterior.

- Las recompensas diferidas suelen ser más beneficiosas que las inmediatas cuando queremos mejorar nuestra salud o desarrollar habilidades y hábitos.

- A pesar de que nuestro cerebro acepta bien las recompensas diferidas, siguen gustándonos las inmediatas, que entraron en nuestra evolución muchos miles de años antes que las diferidas.

- Esta preferencia es muy funcional para satisfacer necesidades básicas y urgentes, pero no en conductas adictivas como comer de modo emocional, tabaquismo o abuso del alcohol.

- Con demasiada frecuencia no prevemos los retornos negativos aplazados en el tiempo que nos traerán el sobrepeso, la falta de ejercicio, el tabaquismo o el abuso del alcohol.

- Cuando el cerebro demanda una recompensa inmediata para seguir esperando, es esencial que esta refuerce el objetivo hacia el que queremos dirigirnos y no vaya en contra de él.

5. LAS NECESIDADES BÁSICAS Y EL DESEO DE COMER

Existen muy pocas cosas en la vida que sean de verdad necesarias. Además de dormir, descansar y tener actividad física y mental, podríamos considerar estas otras necesidades como imprescindibles para sobrevivir y sentirnos bien: el aire que respiramos, el agua que calma la sed, la comida que satisface el hambre, la calidez de una temperatura confortable, la compañía de otros congéneres, sentirse a salvo del peligro y tener serenidad mental. Estoy seguro de que algunos estaréis pensando en que no vendría mal añadir a todo eso un poco de comodidad y una ocupación agradable y satisfacción sexual... Bien, de acuerdo, ¡hagámoslo! Que cada cual complete la lista con algo que le resulte indispensable. Lo cierto es que las necesidades básicas son absolutas y, aunque pueda haber matices, no es una cuestión de opiniones. De este modo, es muy probable que estas y alguna más de las que hemos añadido sean las grandes necesidades universales.

Prácticamente todo el mundo experimenta las necesidades básicas de la misma manera. Recibimos una recompensa emocional agradable e inmediata cuando se satisface el deseo provocado por la necesidad. Este efecto se da al comer cuando nos acucia el hambre, al calentarnos cuando no soportamos el frío, al sentirnos a salvo cuando nos atenaza el miedo. Además, proporciona una sensación instantánea de placer al reducirse la tensión psicológica cuando estás consumando tu deseo o en el momento previo a cumplirlo.

La autorregulación

Una necesidad básica posee capacidad para autorregularse, ya que un deseo creciente de satisfacerla que escapase a nuestro control podría ser contraproducente. Cuando nos falta el aire, respiramos más deprisa hasta que tenemos suficiente. Entonces el deseo de respirar rápido cesa y nos calmamos. Si siguiéramos subiendo el ritmo hasta hiperventilar, nos sentiríamos cada vez peor, más angustiados y correríamos el riesgo de desmayarnos. El ansia por beber agua deja de ser placentera en el momento en que apaciguamos la sed. Si continuásemos bebiendo sin medida, acabaríamos notando desorientación, fatiga, náuseas y dolor de cabeza. Cuando el ambiente que nos rodea alcanza una temperatura agradable, el termostato interior se apaga; si esto ocurre, aumentar el calor o subir la refrigeración del lugar nos incomoda.

Quizá os estáis planteando cuestiones de este tipo: ¿qué ha pasado con la autorregulación del deseo de comer? Es un hecho incontrovertible que, en las sociedades donde existe abundancia de alimentos, enferma y muere más gente por exceso de comida que por carencia de ella. ¿Por qué la necesidad de alimentarse no se regula de forma similar a la respiración? ¿Sería entonces más fácil controlar el peso corporal? A diferencia de comer, la respiración está poco o nada elaborada por la cultura. Nos acordamos de que estábamos respirando solo cuando nos falta el aire. Reaccionamos con estrés y angustia para intentar recuperar cuanto antes la función y después nos olvidamos. Respirar o no respirar es una cuestión vital, sí, aunque está regulada por un mecanismo sin demasiada complejidad. Y sí, sería más fácil mantenernos en un peso adecuado si la necesidad de alimentarse estuviera regulada por los mecanismos fisiológicos habituales. Pero aquí entra en juego un elemento que lo cambia todo: la sensación de placer.

El primer regulador del deseo de comer tratará de reequilibrar de modo constante el balance energético del organismo para mantener la homeostasis. Sientes hambre cuando llevas tiempo sin comer y te sacias cuando comes. El hipotálamo cerebral es el centro de control de este tipo de apetito inmediato que permite reponer energía y nutrientes en cada comida. La regulación a largo plazo de este proceso se debe a la oscilación cíclica de los niveles de leptina, una hormona que inhibe el apetito. Con más leptina circulante en el organismo hay menos apetito. Comemos menos, bajamos de peso y disminuyen los niveles de leptina. Entonces se activa de nuevo el apetito, tenemos más ganas de comer y recuperamos grasa corporal. Este mecanismo de ahorro energético es muy eficiente. Esto hace que sea bastante más fácil ganar peso que perderlo, porque lo prioritario para el metabolismo es almacenar reservas de energía. Sin embargo, si la satisfacción del hambre y el apetito estuvieran solo en manos del hipotálamo y la leptina, podríamos controlar nuestro peso sin dificultad. La cosa se complica cuando entra en juego un tercer regulador, el control hedónico representado por el placer de comer.

Para convertir la comida en energía, las células del organismo llevan a cabo un conjunto de reacciones químicas. Toda la serie de procesos encaminados a obtener la suficiente energía para vivir es el metabolismo. Sobre el metabolismo corporal se difunden creencias y especulaciones que a veces se emplean como un mantra para justificar el sobrepeso y la obesidad. Las más aceptadas son que el cuerpo pierde capacidad para quemar calorías y por eso engordamos, que existen personas con mala genética de metabolismo lento que están condenadas a la obesidad o que se puede acelerar el metabolismo con dietas milagrosas, pastillas o productos de herbolario. Otras creencias comunes aplican lo anterior y culpan a la edad, a las hormonas, a la menopausia y a los embarazos —todo junto o por separado— de frenar su metabolismo y de que cueste tanto perder el peso sobrante.

Nada más lejos de la realidad. Un estudio reciente, muy fiable, publicado en la revista *Science* (2021), contradice por completo estas especulaciones. Llega a la conclusión de que el metabolismo humano funciona de la siguiente manera: en los recién nacidos el gasto total de energía diaria aumentará mientras necesiten un desarrollo muy rápido. Solo ocurrirá durante el primer año de vida. A partir de ese momento, no se requerirá nunca tanta energía para funcionar. El gasto metabólico comienza a bajar durante la niñez y la adolescencia hasta que se estabiliza sobre los veinte años. En contra de lo que se piensa, en la pubertad no aumenta el consumo de calorías basales; por lo tanto, no hay que comer de más a esa edad. A partir de la veintena, el metabolismo gastará la misma energía en reposo que a los cuarenta, y hasta los sesenta. No se enlentecerá por ningún motivo, ni debido a la edad ni a las hormonas. Se mantendrá estable durante esas cuatro décadas de la vida. Esta es la auténtica y contundente realidad, aunque nos desilusione. Tampoco variará en el embarazo, ni siquiera por razón de sexo. No se han observado diferencias significativas entre las tasas metabólicas basales de hombres y mujeres que tuvieran unas condiciones físicas parecidas. Es cierto que una vez cumplidos los sesenta años el metabolismo decae un poco, menos del uno por ciento cada año, de modo que, a los noventa, gastaremos un veintiséis por ciento menos de energía en reposo que cuando teníamos cincuenta. Eso es todo.

Los resultados de esta investigación son significativos porque rebaten algunas ideas establecidas asociadas al metabolismo, al desarrollo físico y al envejecimiento. Al contrario de lo que podría parecer, no se incrementa el gasto de energía metabólica en el crecimiento rápido de la adolescencia o cuando maduramos sexualmente ni durante la gestación, pero tampoco disminuye ese gasto a partir de los cuarenta ni en la menopausia. Lo que deja muy claro este estudio es que no hay relación entre el metabolismo y el aumento de peso. Nos remite a algo que ya sabíamos desde hace tiempo sobre el balance energético. Cuando ingerimos más calorías de las que gastamos aparece siempre el sobrepeso.

El poder adictivo de comer por placer

Desde el punto de vista evolutivo, comer por placer se seleccionó porque era muy importante para el desarrollo correcto y para la supervivencia. Este estudio sobre el metabolismo aclara que los bebés aumentan tanto el gasto metabólico con relación a su tamaño y composición corporal porque necesitan mucha energía extra para que sus órganos y sistemas maduren rápidamente. De otra manera, su vida estaría en riesgo. De hecho, los niños que rechazan la comida o no comen bien en las etapas cruciales del crecimiento pueden tener problemas en el desarrollo posterior. Los adultos afectados por enfermedades agudas nos impedimos una pronta recuperación si perdemos el apetito y comemos mal. Los mayores que se alimentan peor porque se aburren de la comida aceleran su declive. Para que nos interesemos por comer es necesario disfrutarlo, sentir placer al hacerlo. Por eso, cuando un alimento nos gusta, el sistema de recompensa cerebral libera dopamina, que nos produce una sensación muy agradable, un placer casi adictivo, y refuerza así el deseo de volver a tomarlo en el futuro.

Esta regulación hedónica de la necesidad de comer, que la evolución seleccionó con la sana intención de favorecer la supervivencia de la especie en un tiempo en que había poco que comer y mucho que perder, se ha convertido en el punto débil de muchas personas que vivimos en sociedades con abundancia de alimentos.

Y por ahí es por donde se cuelan casi todos nuestros problemas actuales con la comida. El placer de comer puede adquirir un poder adictivo y arrastrarnos a una dieta caprichosa y desequilibrada, repleta de alimentos dulces, grasos y salados, que conlleva desventajas nutricionales evidentes. De esa manera nos inducirá a ignorar las señales de saciedad del centro hipotalámico cerebral, lo que hará que comamos más calorías de la cuenta favoreciendo el exceso de peso.

Una tercera derivada de la adicción a la comida es que abrirá la puerta a comer de modo emocional cuando estemos bajo la influencia de emociones negativas y nos incitará a ingerir compulsivamente comida hipercalórica y ultraprocesada, un tipo de productos que amplificarán el grado de adicción. Esta forma de alimentarse no es para satisfacer el hambre fisiológica, sino para disminuir la intensidad de los sentimientos provocados por algún malestar o preocupación mediante la recompensa gratificante de la comida que nos gusta. La conducta de los comedores emocionales está asociada a la estrategia psicológica de distracción por evitación, que los lleva a no enfrentar directamente las causas del malestar. Por lo tanto los conflictos del trabajo, la familia, las relaciones sociales tardan en resolverse y acaba generándose más ansiedad que desencadena nuevos episodios de ingesta impulsiva. Comer de modo emocional tiene una fuerte vinculación con la sintomatología depresiva y la obesidad.

Es probable que en este momento algunos os estéis haciendo preguntas parecidas: ¿qué placer puede haber en comer hasta enfermar? ¿Hay algún elemento extraño que esté reforzando de forma artificial el poder adictivo de la comida? En la actualidad se puede manipular la manera en que uno desea alimentarse. La respiración será difícil de manipular porque no se desea de forma consciente. Como ya hemos dicho, solo intentamos respirar de manera voluntaria cuando nos cuesta trabajo hacerlo. El aire que contiene el oxígeno indispensable para vivir es un recurso universal, abundante, de acceso libre e inmediato —crucemos los dedos muy fuerte—, al menos de momento. Sin embargo, comer es una necesidad consciente, que precisa satisfacción fisiológica, que resulta muy placentera y cuyos recursos no son de libre disposición, sino que hay que adquirirlos. La «fabricación» del deseo de comer mediante técnicas desarrolladas por la industria y la publicidad es la razón de que hoy muchas más personas muestren un apetito insaciable por ingerir alimentos sin hambre ni sed y se den un atracón de productos densos en energía que las lleva al borde del abismo emocional.

¿Qué ha ocurrido durante la pandemia?

La pandemia del coronavirus ha venido a agravar la pandemia de obesidad. Pandemia sobre pandemia, se han aliado ambas para provocar un duro impacto en la salud mental global, lo que ha disparado de modo preocupante la incidencia del estrés, la ansiedad, la depresión y los trastornos de la alimentación, en especial comer de manera emocional. Las consecuencias personales y familiares de la crisis sanitaria, la destrucción de puestos de trabajo a raíz de la situación económica generada, el aumento de la brecha entre ricos y pobres con, probablemente, más desigualdad y exclusión social que nunca ha originado que estos trastornos del comportamiento alimentario repercutan en mayor medida sobre las personas desfavorecidas, sin recursos económicos, con pérdida de empleo y problemas de regulación anímica, con el consiguiente aumento de su índice de masa corporal.

Me indigno de verdad cuando oigo a alguien decir que la depresión te la provocas tú. Quien lo dice se justifica con que a quienes les pasa es porque se esfuerzan mucho en deprimirse. Este juicio no solo traslada toda la responsabilidad del trastorno psíquico a quien lo padece, sino que declara también que esta persona alberga una clara intención de causárselo. No podemos aceptar, como ciudadanos con dignidad y derechos, que en el momento en que la salud mental se nos resquebraja y caemos estresados, ansiosos, deprimidos por la pobreza extrema, hipocondríacos por el virus, desesperanzados por la salud del planeta, descompuestos por las fobias y los ataques de pánico se nos diga que todo es por nuestra culpa, porque nos falta positividad, entereza, fuerza de voluntad, resistencia mental, capacidad de trabajo y constancia para superar la situación, exonerando de nuestros problemas al mundo feroz que nos rodea.

Se necesita una enorme dosis de cinismo para ignorar deliberadamente que es la desesperación de la desigualdad económica, de derechos y de oportunidades, unida a la preocupación ante la amenaza de nuevas crisis globales como la urgencia climática y el desempleo tecnológico, lo que está demoliendo la estabilidad mental de la humanidad. «Todo está en tu cabeza —argumentan los que defienden que la depresión te la provocas tú—. Todos los problemas que ves en el mundo están en ti. Apaga el móvil, intenta relajarte, mira la vida con otro color, sigue los preceptos de la filosofía budista, practica yoga, haz *mindfulness*, aprende a decir no y verás como ya nada te parecerá tan terrible».

Como personas dotadas de pensamiento crítico no deberíamos admitir la idea de que el reconocimiento social, el éxito y la felicidad se eligen. De que triunfar en la vida depende de que tomemos una decisión personal valiente del tipo «si me lo propongo con todas mis fuerzas, puedo ser mejor que los demás y conseguirlo». Significaría asumir en solitario la responsabilidad de las consecuencias. Y eso no es justo. Porque si resulta que después de intentarlo con toda el alma, en lugar de ser felices, solo conseguimos deprimirnos, creeremos que es culpa nuestra. Si en lugar de desempeñar un trabajo reconocido y valioso nos atrapa un empleo mal pagado e insignificante, también será culpa nuestra. Si en lugar de encontrar el amor verdadero tropezamos con relaciones de pareja amargas y frustrantes, también será culpa nuestra. Si en lugar de estar rodeados de amigos y amistad nos quita el sueño una soledad no elegida, también será culpa nuestra. Si en lugar de seres liberados y renacidos nos vemos perdidos, odiosos y odiados, y hasta defectuosos, será sin duda porque nos lo merecemos, y para expiar nuestras grandísimas culpas probablemente nos daremos atracones de comida hasta el amanecer.

La economía del crecimiento infinito en la que estamos atrapados sabe que la creación de un estado de culpa infinita en asociación con el deseo infinito de poseer cosas estimulará la demanda haciendo girar de forma eterna la rueda del consumo. Esta economía de la culpa sabe que su línea de negocio principal es producir más culpa. Culpa más culpa igual a vergüenza. Sobre esta ecuación desesperada se levantan los deseos prefabricados que han establecido en pocos años el nuevo paradigma social de la insatisfacción infinita de las necesidades.

Hace no demasiado tiempo los adultos afectados por neurosis presentaban a menudo un índice de masa corporal normal e incluso bajo. Referían pérdidas temporales del apetito y solían achacar su delgadez a que estaban consumidos por los nervios. En la actualidad es frecuente ver el mismo tipo de trastornos psicológicos asociados a sobrepeso y obesidad. Lo atribuyen a un apetito disparado cuando se ven devorados por la ansiedad y la culpa, con picoteo constante y atracones. Y, añado, a una vergüenza inconfesable. Este contraste de actitudes se debe al cambio de paradigma despiadado en que estamos inmersos.

Los niños pequeños reaccionan habitualmente al estrés y a las emociones negativas perdiendo el apetito. Es la respuesta natural desde que son bebés. Las primeras conductas de comer en exceso, típicas de los comedores emocionales, no aparecen hasta la adolescencia. La neurociencia nos dice que en esta etapa nos exponemos más a situaciones de riesgo porque la corteza prefrontal del cerebro, que inhibe los impulsos y predice las consecuencias de nuestros actos, no ha madurado lo suficiente. Bien, esta podría ser una explicación razonable para la aparición temprana de este tipo de trastornos alimentarios en los jóvenes, si no fuera porque los niños tienen esta estructura de la corteza cerebral todavía menos desarrollada y, a pesar de eso, controlan bastante bien los impulsos en su relación con la comida. Las investigaciones muestran que los adolescentes son tan inteligentes como los adultos en cuanto a pensamiento racional. Analizan y entienden a la perfección las consecuencias de sus actos y los de los demás, pero manejan peor los impulsos en situaciones de alta carga emocional, con una mayor dificultad para la gestión de los sentimientos, incluidas la culpa y la vergüenza. Esto pueden darnos una pista clara para intuir qué nos está pasando.

RESUMEN DEL CAPÍTULO

- Sobre el metabolismo corporal se difunden creencias falsas, como que el cuerpo pierde capacidad para quemar calorías y por eso engordamos.

- En contra de lo que se piensa, a partir de la veintena el metabolismo gastará la misma energía en reposo que a los cuarenta, y hasta los sesenta. El metabolismo no se hace lento ni debido a la edad ni a las hormonas.

- El placer de comer puede adquirir un poder adictivo y arrastrarnos a una dieta caprichosa y desequilibrada, repleta de alimentos dulces, grasos y salados, que conlleva desventajas nutricionales evidentes.

- El poder adictivo de la comida abrirá la puerta a comer de modo emocional cuando estemos bajo la influencia de emociones negativas y nos incitará a ingerir compulsivamente comida hipercalórica y ultraprocesada.

- La «fabricación» del deseo de comer por la industria y la publicidad es la razón principal de que muchas personas muestren un apetito insaciable por ingerir alimentos sin hambre ni sed y se den atracones de comida.

- La pandemia del coronavirus ha impactado sobre la salud mental disparando la incidencia de estrés, ansiedad, depresión y trastornos de la alimentación, en especial comer de manera emocional.

6. COMER SIN CULPA Y SIN VERGÜENZA

Como decimos, cualquier persona a partir de la adolescencia puede convertirse en un comedor emocional. Suele ocurrir al final de una mala racha que acaba en crisis. Un momento de la vida en que una serie de situaciones y acontecimientos adversos se encadenan, y esto es clave, sin que seamos capaces de gestionarlos a la vez y sin tiempo para resolverlos uno por uno. Las secuencias rápidas de conflictos son semejantes a los problemas matemáticos con varias soluciones. A una de ellas se llega antes que a todas las demás, con mayor celeridad y empleando menos esfuerzo. En este caso el tiempo y el orden en la resolución de nuestros problemas serán decisivos. Pero tenemos tantos frentes abiertos a la vez que nos sentimos abrumados. Está todo tan enmarañado que perdemos la noción de prioridad e importancia en que debemos afrontarlos. De repente, nos vemos desbordados por una crisis emocional que nos noquea. Entramos en un estado crítico que puede afectar al grado de neuroticismo de la identidad personal y, debido al trauma, se acaba resintiendo la relación con la necesidad básica de comer. La cuestión ya no es la comida, sino la nueva actitud de pérdida de control ante ella.

A partir del primer suceso traumático se muestra una tendencia a percibir las adversidades no una por una, sino en conjunto, aunque sean triviales y de fácil solución. Los contratiempos se interiorizan unidos entre sí por un nexo difuso e impenetrable, y no como problemas independientes cuya relación, si la hubiera, sería mero azar. Si el desgaste emocional persiste y no desarrollamos habilidades que nos permitan superar con éxito los conflictos que creemos encadenados, comer de modo emocional se instaura y cambia nuestra forma de estar en la vida. Podemos instalarnos en una irritación constante, desorientados sobre lo que más nos conviene hacer, aupados por una queja permanente o refugiados en un miedo visceral a la soledad y el aburrimiento. Asociados al estrés cronificado podrán aparecer otros fenómenos, como remordimientos desmesurados, autoestima derretida, identidad borrosa, falta de aceptación personal, rechazo de la propia imagen, autoexigencias irracionales y autocastigos.

Transformar los factores externos

El primer impulso de autoayuda en algunos comedores emocionales es emprender un proceso de transformación personal, pero sin intentar antes cambiar el mundo que les está provocando ese malestar. Esto es empezar la casa por el tejado. Es el medio que nos rodea el que marca el terreno psicológico donde nos movemos. Desde el nacimiento, el entorno nos condiciona de forma implacable, ejerce una presión constante para modelar nuestra forma de pensar, de sentir y de actuar. Mediante la influencia de la familia, los amigos, la educación y el trabajo adquirimos un sistema de creencias y valores que configurarán la identidad, definirán quiénes somos, las actitudes que adoptamos, el estilo de vida que mantenemos, el papel social que deseamos tener. La identidad personal se hace patente en cada pensamiento, conducta o situación que nos afecte. Parece férrea, sólida, cristalizada para siempre, pero no es más que una falsa impresión. Sus rasgos definitorios son flexibles y modificables. Aunque en ocasiones sea imperceptible, la identidad evoluciona para adaptarse al mundo cambiante en que vivimos. Cuando detectamos sorprendidos un comportamiento impropio en una persona a la que conocemos desde hace años, o lo advertimos inesperadamente en nosotros, y repetimos esa conducta de modo frecuente, es que parte de nuestra identidad ha cambiado, remodelada por un nuevo hábito. En definitiva, es un error pensar que estamos condenados a ser alguien que no queremos ser. El cambio de identidad es posible. Pero antes tenemos que cambiar un poco nuestro mundo para desactivar algunos detonantes que nos llevan a comer de modo emocional.

Hay que estar atentos para no dejarse llevar por procesos de crecimiento postraumático, que prometen redimirnos experimentando «lecciones de vida» con el fin de convertirnos en nuestra mejor versión. Propagadas por influyentes sociales, estas transformaciones personales exhiben una narrativa engañosa cuya premisa es que los estados emocionales negativos son positivos —sí, has leído bien— porque sirven para aprender de las vicisitudes, y que los traumas permiten crecer con raíces más profundas, apreciar más la vida y ser mejores personas. La «lección de vida» como estrategia me plantea muchos interrogantes y es muy probable que a vosotros os ocurra lo mismo. ¿Y si no aprendemos nada positivo cuando nos damos un atracón de comida? ¿Y si los remordimientos, la autoexigencia y la falta de autoestima nos impiden crecer? ¿Y si cuando sentimos malestar, soledad y aburrimiento no se puede apreciar la vida? ¿Y si, en lugar de percibir que somos mejores personas, seguimos tan tristes y airados como antes? ¿Y si sentimos que hemos vuelto a fallar y nos culpamos por ello? Este último resultado podríamos considerarlo tan denigrante que es algo que no podemos permitirnos. Para cambiar el mundo que nos rodea hay que emprender solo acciones que nos proporcionen recompensas emocionales reales e inmediatas. ¿Cómo lo hacemos? Pues empezando a vivir con verdad. No admitiendo del entorno las condiciones de engaño y culpa que sean inaceptables. No soportando en silencio durante más tiempo lo que nos parezca insoportable. Compartiendo las preocupaciones con personas o grupos pequeños de confianza, con empatía y solidaridad. Creando un relato por escrito para expresar la responsabilidad de quienes nos rodean en nuestro problema. Podremos pasarnos la vida esperando, deseando, anhelando que las cosas se solucionen por sí solas, distrayéndolas y visualizándonos en escenarios favorables donde ya no seamos comedores emocionales. Nada ocurrirá si no actuamos de una vez. Las acciones comportan hábitos que hacen evolucionar nuestra identidad hacia lo que queremos ser. No hay que olvidarlo. Si seguimos haciendo exactamente lo mismo, seguiremos teniendo exactamente los mismos problemas.

La distracción evitativa

Después de cambiar el mundo lo suficiente, tendremos que desactivar la rutina psicológica de la distracción evitativa que nos impide afrontar las causas últimas del malestar y retrasa la resolución de los conflictos alimentando además un ciclo continuo de ansiedad. El comportamiento evitativo está provocado por una descarga emocional negativa intensa tras haber interiorizado los problemas en cadena, con la sensación de que existe una conexión inescrutable entre ellos que nos supera y a la que no podemos hacer frente. Algunos estudios señalan que, durante la pandemia, las personas que han creído más en conspiraciones, abrigado sospechas y buscado culpables de la crisis han sufrido mayores niveles de estrés postraumático, con pesadillas, pensamientos intrusivos y conductas evitativas. Por tanto, ser «conspiranoicos» no nos ayuda. La ciencia dice que la correlación entre dos hechos no implica causalidad. Por tanto, que los problemas puedan presentarse agrupados en series consecutivas que se repiten no quiere decir que unos sean la causa de los otros ni que se coaliguen de alguna manera. Ni mucho menos. Abandonar todo atisbo de pensamiento conspirativo es clave para desactivar la distracción evitativa. Por el contrario, sí va a ayudarnos convertirnos en investigadores de nuestro comportamiento. Entrenar las capacidades reflexivas y deductivas para seguir la pista corriente arriba del proceso que nos lleva a comer impulsivamente será fundamental para vacunarnos contra las conductas de evitación. En este recorrido inverso desagregaremos los elementos de la cadena que conduce a un episodio de comida emocional, para racionalizarlos y hacerlos manejables. Hay que preguntarse el porqué de la acción de comer de esa manera, el porqué del sentimiento de malestar que llevó a la acción, el porqué de la emoción negativa que condujo al sentimiento, el porqué del pensamiento que provocó la emoción, el porqué de la situación que generó el pensamiento, hasta llegar así al primer desencadenante y desarmarlo.

Hace poco escuché una publicidad en la radio sobre la emoción de viajar y descubrir sitios nuevos, que venía a decir «no te preguntes qué vas a hacer allí, sino cómo te vas a sentir». La cultura de la hiperemocionalidad impera y nos impone estar subidos a un carrusel de emociones en todo momento. La vida debe ser una sorpresa continua. Si no te hiperemocionas, parece que estás enfermo, que eres un psicópata sin sentimientos. Hiperemocionalidad *versus* rutina. Cuando nos acomete el temor a no ser capaces de emocionarnos lo suficiente, los buenos hábitos nos parecen aburridos. Comer sano es monótono, pensar con profundidad es tedioso, hacer ejercicio es cansado, estudiar y aprender es repetitivo. En muchas ocasiones, las personas que comen de un modo emocional refieren miedo al silencio, a la soledad, a la quietud, a descansar sin hacer nada. Les aterroriza encontrarse a solas con sus pensamientos.

Deberemos desterrar los miedos y huir de la hiperemocionalidad. Los carruseles de emociones no nos ayudarán con nuestro problema, porque, por contraste, nos aburriremos con facilidad, nos hastiaremos de la monotonía y comeremos para alegrarnos la vida. Sin embargo, sí jugará a nuestro favor apreciar el silencio, reconciliarnos con la soledad, enamorarnos de la quietud, pensar con introspección. ¿Cómo hay que hacerlo? Con la misma valentía con que un agorafóbico hace una inmersión total controlada en un centro comercial lleno de gente a rebosar un sábado por la tarde. Nos expondremos durante periodos cortos a esas situaciones que nos atemorizan para desensibilizarnos poco a poco. Sabemos que cuando se toma conciencia del problema, se analizan las razones, se racionalizan las emociones, con reflexión, meditación, practicando la atención plena, se reducen el picoteo extemporáneo, la frecuencia e intensidad de los atracones y los accesos de bulimia.

No he conocido a ninguna persona que no fuera inteligente. Aunque es cierto que no todo el mundo destaca por igual en los distintos tipos de inteligencia que existen, tampoco hay nadie que se emocione ni sienta de la misma manera. Cuando la conciencia capta reacciones emocionales de miedo, tristeza, ira o alegría, las traduce a sentimientos conscientes y notamos percepciones subjetivas de distinta intensidad. Ante emociones semejantes cada cual vive diferentes grados de preocupación, abatimiento, enfado o contento. Pues bien, valoramos la inteligencia emocional por encima de otras inteligencias porque se encarga de gestionar las emociones usando la razón y nos reporta bienestar. Es la que consigue que resolvamos los problemas con mayor éxito, porque reduce el estrés o la ansiedad a lo mínimo necesario para que no interfieran en la resolución. En general, aunque las respuestas emocionales solo buscan una mejor adaptación a las dificultades, si se disparan exageradamente, disminuirán su eficacia e incluso pueden perjudicarnos. En esos casos solemos actuar de forma poco inteligente. Nos centramos tanto en manejar la emoción que dejamos de afrontar los problemas reales y acuciantes que la han causado. Tenemos que utilizar la inteligencia emocional para romper los espejos negativos. Si alguien a quien queremos se nos enfrenta una vez tras otra quejándose, con cara de enfado y sin motivo aparente, podemos pensar que ha dejado de sentir cariño por nosotros. Hemos perdido su afecto porque no lo merecemos. No somos dignos de su aprecio porque le hemos fallado. Le hemos defraudado con algo que hemos hecho. Sin saber en realidad por qué, comienza a formarse una tormenta de pensamientos negativos que originan una lluvia de emociones del mismo signo. Esa forma de pensar y de sentir acaba condicionando nuestra mente y cristaliza. Como el famoso perro de Paulov, cuando veamos a alguien que se dirige a nosotros quejándose y con cara de enfado, reaccionaremos siempre de la misma manera. En realidad, nada de eso existe, pero puede representar un detonante para hacernos perder el control una y otra vez. Aunque el desencadenante sea una figuración, podemos acabar dependiendo de la comida impulsiva para funcionar. Hay un epílogo. La gente suele mirarnos tal como nos ve. Por eso deberíamos estar atentos a lo que reflejamos en nuestro espejo emocional e intentar cambiarlo si lo que vemos no nos gusta.

La elección de los alimentos

También será imprescindible actuar en lo exterior a nosotros. Desde la planificación de la compra semanal al momento en que estamos haciéndola en el supermercado, deberemos estar atentos para no llevar a casa los productos preferidos de la comida impulsiva, hipercalóricos y ultraprocesados, pero ni siquiera algunos de nuestros alimentos favoritos, aunque no entren en estas categorías. En la compra seguiremos este principio: si un alimento nos gusta mucho, ya nos está gustando demasiado, así que no nos lo llevamos. Cuando sentimos la necesidad de picar entre comidas, mejor tener preparado un tentempié saludable. Si nos entra apetito, hace poco que hemos comido y ha sido en una cantidad suficiente, lo más probable que no se trate de hambre real. Dilataremos el tiempo antes de lanzarnos a la comida. Podemos hacer ejercicio u otra actividad que implique movimiento, llamar por teléfono o navegar por internet. Dentro de las técnicas de atención plena podemos recurrir a la alimentación consciente. Nos entrenaremos en la elección de alimentos, en la percepción de las señales internas relacionadas con la comida y en la atención a las señales físicas para diferenciarlas de las psicológicas. Es muy importante escribir un relato diario de seguimiento sobre lo que nos está sucediendo. Hay que anotar bajo qué circunstancias se come, para detectar los desencadenantes; qué tipo de productos se prefieren; cuánto apetito se tiene; qué se siente al comer de esa manera, y los cambios y avances que se van produciendo. Con estas anotaciones podremos identificar patrones de conducta que revelen las conexiones entre nuestro estado de ánimo y la comida impulsiva, para luego modificarlas.

RESUMEN DEL CAPÍTULO

- Cualquier persona, a partir de la adolescencia, puede convertirse en un comedor emocional cuando los acontecimientos adversos se encadenan sin que pueda gestionarlos a la vez ni resolverlos uno por uno.

- Algunos comedores emocionales emprenden un proceso de transformación personal sin antes cambiar el entorno que les está provocando el problema.

- La rutina psicológica de la distracción evitativa que nos impide afrontar las causas últimas del malestar, retrasa la resolución de los conflictos y alimenta un ciclo continuo de ansiedad.

- Hay que estar atentos en la compra para no llevar a casa productos hipercalóricos y ultraprocesados, ni otros que sean los preferidos para la comida emocional.

- El entrenamiento en la elección de alimentos y en la atención consciente a las señales físicas de hambre para diferenciarlas de las psicológicas serán estrategias útiles para el comedor emocional.

- Escribir un diario de seguimiento es fundamental para identificar patrones de conducta que revelen las conexiones entre nuestro estado de ánimo y comer de modo emocional, para luego modificarlas.

Parte II

AUTOCUIDADO Y AUTOCONOCIMIENTO

AUTOCUIDADO

1. EL CEREBRO Y EL SISTEMA INMUNITARIO, LAS JOYAS DE LA CORONA

Cuando llegó la pandemia, mi preocupación por convencer al espectador sobre los beneficios del autocuidado hacía mucho que ya estaba allí. Habían transcurrido once meses desde que comencé a colaborar con *La aventura del saber* para hacer todas las semanas un espacio de salud pública, tras haber tenido una sección en *Saber vivir*, otra en *La mañana de La1* y dirigir en el *prime time* de la cadena el *coaching* médico *Doctor Romero*.

Como cuenta en el prólogo del libro, Salva Gómez Valdés me hizo caso. El director de *La aventura* aceptó experimentar en primera persona el plan de alimentación que cada programa proponíamos a los espectadores. Su intención era aprender a comer para conseguir un peso adecuado y, de paso, controlar la tensión arterial y la glucemia, y se había comprometido a hacer todo el ejercicio físico que pudiera, además de seguir otras recomendaciones. «Con tu edad es la mejor decisión que jamás podrías tomar», le dije. «¿A mi edad por qué?», respondió sorprendido. «Porque probablemente ya has tomado las grandes decisiones de tu vida, menos esta», contesté. «Ah, bueno. ¡Yo me siento bien!», replicó sonriente. Comprobar que se encontraba en un buen estado emocional fue importante para lo que pretendíamos hacer. Le propuse seguir su evolución semana a semana en el programa, consciente del ejemplo que podría ser para la audiencia. El reto le pareció apasionante. ¡Pura televisión educativa!

Antes del comienzo del plan pactamos tres condiciones. Que tendría que disfrutar de la comida, que no pasaría hambre y que no se dejaría la piel en un gimnasio. En aquel momento le sobraban casi veinticinco kilos. Íbamos a poner en marcha un proceso de autocuidado, retrasmitido por un canal en televisión en abierto como La2, cuyo éxito o fracaso sería observado por todo el mundo. Tengo que reconocer que el grado de exposición pública era alto y existía el riesgo de no conseguirlo. Pero la autoconfianza de ambos al hacer algo en lo que creíamos fue mayor y, al cabo de unos meses, Salva logró adelgazar hasta alcanzar un peso adecuado. De eso hace ya más de dos años y allí se ha mantenido desde entonces.

Desde que nos alcanzó de lleno la crisis del coronavirus el equipo de *La aventura del saber* ha estado siempre al pie del cañón. Hemos contado a los espectadores cómo iban y venían las olas de la pandemia —preguntándonos también si alguna nos mojaría de paso—, hemos visto el nacimiento de las variantes del virus, alfa, beta, gamma, delta, ómicron... y la llegada de las vacunas en sucesivas dosis. Gracias al proceso de autocuidado que puso en marcha meses antes, Salva entró en la pandemia con un sistema inmunitario más eficaz y desactivó la amenaza de factores de riesgo cardiometabólico que en caso de contagiarse hubieran jugado en su contra.

La capacidad de adaptación del cerebro: la neuroplasticidad

A partir de los treinta años pocas cosas en nuestro organismo tienen margen de mejora. El cerebro sí puede conseguir una ganancia real gracias a la neuroplasticidad. El sistema inmunitario, en conexión íntima con el cerebro, sufre variaciones para mantener su eficacia protectora. La mente adapta sus procesos para que sea posible sentirnos a los sesenta tan bien como a los treinta. Sabemos que esa percepción subjetiva de bienestar no tiene una base fisiológica ni anatómica real debido al envejecimiento gradual. Pero nos hace la vida agradable y supone una recompensa inmediata de dopamina en las neuronas que nos permite mantener estimulados el cerebro y el sistema inmune.

La presión evolutiva provocó la aparición del formidable cerebro con el que hoy está equipada la humanidad. Un procesador de información inteligente, capaz de diseñar nuestra increíble mente consciente, cuya naturaleza vulnerable exigirá al resto del organismo una protección incondicional porque su daño suele ser irreversible. La muerte cerebral resulta incompatible con la vida una vez que acontece. Aunque el cuerpo siga respirando mediante el movimiento mecánico de los pulmones y el corazón, a nadie se le escapa que ese órgano fascinante, ahora un cúmulo de tejido nervioso desvitalizado, ya no volverá a pensar ni a emocionarse.

La anatomía que alberga el cerebro ha desarrollado mejoras para preservar su integridad y mantener el suministro constante de energía. Su escudo frente a los traumatismos es un cráneo óseo envolvente, cuyo acolchado interior forman las meninges, que, junto a una oscilación flotante en el líquido cefalorraquídeo, amortiguarán los impactos violentos sobre la superficie encefálica. El sistema circulatorio que irriga el órgano cerebral ha formado a su alrededor una red entrelazada proveniente de las arterias cerebrales y vertebrales para garantizar que no se interrumpa el aporte fluido de oxígeno y glucosa a los tejidos neuronales. Porque estamos sometidos a las leyes de la física, los accidentes que deterioran el cerebro suceden. Traumatismos craneoencefálicos causados por impactos violentos, también los accidentes cerebrovasculares debidos a anomalías congénitas, edad avanzada, falta de ejercicio, obesidad y otras enfermedades cardiometabólicas.

El cerebro y el sistema inmune

Las infecciones han supuesto una gran presión selectiva para el cerebro. El encéfalo y la médula espinal son muy vulnerables al ataque desencadenado por virus, bacterias y otros patógenos que afectan a la especie humana. Las infecciones encefálicas son graves, y a veces complicadas de resolver. Cuando las neurotoxinas generadas por los microorganismos alcanzan el tejido neuronal provocan daños graves. Sometido el cerebro a la fuerte presión de tener que elegir muy bien cada sustancia y cada célula que entra en su territorio a través de la sangre, surge la barrera hematoencefálica, una estructura de permeabilidad fina a nivel microvascular que deja pasar moléculas de agua, glucosa, aminoácidos, lípidos y algunos gases, e impide de forma bastante eficaz que en condiciones normales accedan toxinas y patógenos.

Sin embargo, cuando una infección dispara la respuesta inflamatoria, se comprueba que la salvaguarda que ofrece la barrera hematoencefálica no es perfecta. Ante la inflamación, la barrera se vuelve más permeable y menos selectiva, lo que permite a algunas células inmunitarias fagocíticas pasar de un lado a otro, pero también abre un hueco por donde virus y bacterias pueden colarse. Otra desventaja no menor es que moléculas proteicas de gran tamaño como los anticuerpos que neutralizan a los patógenos no son capaces de atravesarla, lo que priva al cerebro de esta arma fundamental en la lucha contra las infecciones.

La solución que ha encontrado la selección natural para asegurar la protección del cerebro ha sido no escatimar recursos e invertir en un sistema inmunológico también colosal. Se crean conexiones entre las esferas neuropsicológica e inmune que hoy apenas comenzamos a descifrar. Es probable que ambos sistemas compartan algunas sustancias con efectos fisiológicos importantes, cuyo agotamiento en uno de ellos afecta al otro. Sabemos que las infecciones tienen un impacto negativo notable sobre la capacidad de aprendizaje. Lo confirma el hecho de que la alta incidencia de infecciones en un país se correlaciona con medias nacionales más bajas de desarrollo intelectual. Este resultado podría deberse a que cuando se activa el sistema inmunitario por la infección, sustrae al cerebro mensajeros biológicos que intervienen en el aprendizaje al tiempo que se genera una disminución del sueño, que es un proceso fundamental en la consolidación de la memoria.

El cerebro y el sistema inmune son muy costosos en términos energéticos para el organismo. Con un peso de alrededor de kilo y medio, el cerebro gasta el veinte por ciento de la energía metabólica basal; esto es un consumo equivalente al que haría toda la masa muscular en reposo de un adulto. Es intuitivo pensar que el gasto cerebral variará según el grado de dificultad de cada una de las actividades mentales. Se ha demostrado que hay un consumo energético enorme tanto si razonamos un problema matemático como si vemos la televisión en el sofá; tanto si nos encontramos en un estado de ánimo bajo como sacudidos por un arrebato de euforia. Mientras dormimos, el consumo cerebral desciende un poco con respecto a la vigilia en las fases en que no soñamos y se recupera con las ensoñaciones y pesadillas de la fase REM.

El cerebro funciona con gran rendimiento veinticuatro horas al día, siete días a la semana, y exige al resto del organismo un aporte permanente de ciento veinte gramos de glucosa al día. Su sensibilidad es tal a las variaciones en el suministro de glucosa que cuando disminuyen los niveles en la sangre se ponen en marcha distintas estrategias de emergencia metabólica para recuperar los niveles adecuados de glucemia. Como primera medida, se provocará una sensación intensa de hambre que hará que comamos de inmediato. Si esto no da resultado y entramos en un ayuno prolongado, el hígado acaba por convertir en glucosa las propias proteínas musculares en un último intento de abastecer al cerebro, también las proteínas del corazón, con los riesgos de fallo cardiaco que esto conlleva. Cuando no llega la cantidad suficiente de glucosa para mantener las funciones cerebrales, aunque sea durante unos pocos minutos, bien por inanición, bien por interrupción del flujo sanguíneo, se causan lesiones neuronales de pronóstico incierto.

Se calcula que el coste energético de mantener activado el sistema inmune es similar al del cerebro, que, como ya hemos dicho, gasta el veinte por ciento de la tasa metabólica basal. Cuando se produce una infección se despliegan dos tipos de reacciones inmunitarias. La primera es la respuesta innata, inespecífica e inmediata, y no se apoya en el reconocimiento del agresor. Se ponen en marcha distintas estrategias, desde barreras físicas que dificultan la diseminación de los microorganismos o células que los fagocitan hasta sustancias antibacterianas lanzadas al torrente sanguíneo. La segunda respuesta es específica, adaptativa, tardía y se sustenta en el reconocimiento del atacante, que el organismo ya ha enfrentado en otras ocasiones, y a raíz de aquella experiencia ha aprendido cómo combatirlo. Aquí ya entran en juego los linfocitos T, los linfocitos B y los anticuerpos neutralizantes. En las personas enfermas, el consumo de proteínas, necesarias para generar nuevas células y fabricar anticuerpos, llega a ser ingente. Si no se reponen, puede perderse hasta un veinte por ciento de las proteínas que integran los músculos y órganos corporales.

Las infecciones y el cerebro

Diversas especies de virus, bacterias, hongos y otros patógenos que están al acecho, atacan de manera incesante nuestras defensas esperando que llegue su oportunidad para infectarnos. Por fortuna, cuando lo consiguen, en la mayoría de los casos sus efectos son leves y ni siquiera nos enteramos. También desde el interior, nuestras propias células mutan con cierta frecuencia multiplicándose sin control e intentando escapar a la vigilancia que impide que crezcan, se hagan fuertes y den lugar a un tumor canceroso. La fiebre suele ser uno de los primeros signos de la respuesta inmunitaria innata. Por cada grado de temperatura que aumenta el cuerpo, el gasto de energía se incrementa en un quince por ciento. A veces caemos en el error de combatirla rápidamente con antitérmicos porque creemos —de forma errónea— que nos está perjudicando. Al contrario, la fiebre es un recurso muy eficaz contra los agentes infecciosos. Si no fuera así, con el coste tremendo que tiene, la selección natural la habría eliminado hace tiempo.

Cuando el sistema inmunitario está agotado fisiológicamente tras días o semanas de lucha contra un virus, haciendo un consumo enorme de energía y proteínas, necesita recuperarse de inmediato. Como es prioritario para la supervivencia que se reponga cuanto antes, produce un mensajero biológico, un tipo de citoquina, que actúa sobre el cerebro provocando esa conducta apática, similar a un estado de ánimo depresivo, tan típica de cuando estamos enfermos. Nos obliga a colaborar en su restablecimiento haciéndonos sentir cansados para que ahorremos movimientos. Es habitual que durante el periodo de convalecencia nos apartemos voluntariamente de actividades con las que disfrutamos o nos dan placer, porque gastaríamos una energía extra que en ese momento podría ser imprescindible para afrontar con éxito un nuevo ataque imprevisto. Está ampliamente demostrado que dormir es positivo para el sistema inmunitario. El proceso de recuperación tras la enfermedad se favorece cuando hay niveles bajos de actividad corporal; de ahí la importancia del sueño. Tenemos una reacción más potente contra la infección cuando dormimos más. Por el contrario, cuando hay privación aguda del sueño durante horas o días, las infecciones aumentan. Este efecto inmunodepresor también se ha demostrado en personas que duermen pocas horas a diario durante meses o años.

RESUMEN DEL CAPÍTULO

- Cuando envejecemos, el cerebro sí puede conseguir una mejora real en sus funciones gracias a la neuroplasticidad. El sistema inmunitario, en conexión con el cerebro, variará para mantener su eficacia protectora.

- Las infecciones han supuesto una gran presión selectiva para el cerebro. El encéfalo y la médula espinal son muy vulnerables al ataque desencadenado por virus, bacterias y otros patógenos.

- El cerebro y el sistema inmune comparten algunas sustancias con efectos fisiológicos importantes. Las infecciones tienen un impacto negativo notable sobre la capacidad de aprendizaje.

- En las personas enfermas, el consumo de energía por la fiebre es muy alto. También se necesita una gran cantidad de proteínas para generar nuevas células y fabricar anticuerpos.

- Cuando el sistema inmunitario está agotado por un consumo enorme de energía y proteínas, el cerebro provoca una conducta apática similar a un estado de ánimo depresivo para que podamos recuperarnos mejor.

- Tenemos una reacción más potente contra las infecciones cuando dormimos más. El proceso de recuperación tras la enfermedad se favorece cuando hay niveles bajos de actividad corporal.

2. LA DESVENTAJA DE NO SER CONSCIENTES DEL TRABAJO DEL SISTEMA INMUNE

Imaginémonos que somos médicos de urgencias y entran en este momento dos enfermos muy graves que tenemos que atender de inmediato. Mientras estamos tratando de que uno remonte, el otro entra en parada cardiorrespiratoria. Como hemos logrado estabilizar al primero, lo dejamos en buenas manos y corremos a atender al segundo, que no acaba de reanimarse. La situación puede llegar a superarnos y sufriremos un episodio de estrés agudo con liberación de adrenalina y cortisol, que además requiere un gasto de energía inmediato para sostenernos en medio de la tensión, que nos hace estar muy pendientes, e ir de un lado a otro. Como ahora nuestro sistema inmunitario no está activado por completo porque no lucha contra ninguna infección, se comportará de una forma muy solidaria. Cederá la utilización de los recursos de energía y proteínas que el organismo siempre tiene a su disposición de forma prioritaria para que los empleemos en resolver este episodio de estrés ¿Qué ocurrirá si uno de nuestros pacientes tiene covid y nos contagiamos a pesar de todas las medidas de seguridad? Nuestro sistema inmunitario aplazará su respuesta de defensa contra el virus y no utilizará los recursos que ha cedido hasta que hayamos resuelto la situación estresante. Tal vez, en este caso concreto, que puede durar unos minutos, posponer la respuesta y defenderse más tarde no influya demasiado en la gravedad de la infección que hemos contraído. Pero si el estrés es continuo, nuestro sistema inmunitario actuará tarde y nos defenderá mal cuando tengamos contacto con un virus. Una situación similar es la que han vivido la mayoría de los profesionales sanitarios y muchas otras personas durante la pandemia.

Este efecto solidario del sistema inmune puede suponer una desventaja para nosotros a la hora de protegernos de las infecciones, con posibles consecuencias serias para la salud y la supervivencia. ¿Qué podemos hacer? Aprender hábitos y pautas de comportamiento para evitar situaciones de estrés o de deseo imperativo donde pongamos en un compromiso el sistema inmune impidiendo que actúe y retrasando nuestra defensa. Para el caso de los deseos imperativos, fijémonos en el papel de la testosterona, las conductas que provoca y su influencia en el sistema inmunitario. Esta hormona está involucrada en la actividad sexual y en situaciones que implican amenaza o agresión en los mamíferos machos, incluida nuestra especie. Pues bien, cuando aparece en la mente consciente inducida por la testosterona la necesidad imperativa de satisfacer un deseo, como conseguir una pareja o derrotar a un rival, que son acciones que requerirán mucha energía, y al mismo tiempo debemos defendernos de la amenaza de contagio de un virus, entrará en juego el efecto solidario del sistema inmune. Primero reduciremos la carga mental apremiante del deseo intentando obtener la recompensa y después responderemos a la infección. La consecuencia práctica es que, a más testosterona, menor salud. En los animales se constata una mayor mortalidad en los machos que en las hembras. Las infecciones son más probables en los hombres con mayores niveles de testosterona. Por esta razón, cuando caemos enfermos se reduce el nivel de testosterona con el fin de liberar el sistema inmunitario. Los hombres que viven en pareja y tienen hijos registran unos niveles de testosterona bajos. En definitiva, si hay monogamia e inversión parental en la descendencia, se refuerza la salud masculina.

El estrés y el cortisol

En los episodios de estrés agudo se activa el cortisol, una hormona cuya liberación está asociada a diversas emociones, como el temor y el miedo, la preocupación obsesiva y la ansiedad. La producción de cortisol afecta a mujeres y hombres, y deprime en ambos el sistema inmune porque se emplean sus recursos energéticos para resolver la situación estresante, aunque eso suponga aumentar el riesgo de enfermedad durante ese periodo. En el ámbito médico y hospitalario se utilizan como fármacos los corticoides, que son de la misma familia que el cortisol y la testosterona, para disminuir la función inmunitaria con fines terapéuticos. Se han utilizado en los pacientes con covid durante la pandemia para el tratamiento de la tormenta de citoquinas, lo que evitaba que el propio enfermo se viera perjudicado por su sistema inmunitario tras la infección por coronavirus.

Cuando estamos entre personas desconocidas, inmersos en grandes concentraciones de gente, en zonas de compras masificadas, manifestaciones reivindicativas, grandes campus universitarios, conciertos multitudinarios o bares y discotecas, somos más propensos a competir con los demás por las mismas cosas. Bien sea que estemos impulsados por la testosterona, por el cortisol o por ambos, discutimos por tener un lugar preferente en primera fila, corremos por coger un asiento libre, empujamos por llegar a un producto de oferta, gritamos para que nos atiendan antes en un establecimiento o rivalizamos por lograr la amistad o los favores de otra persona. Pues bien, deberíamos aprender a controlar esas situaciones modificando nuestra manera de ser o por lo menos darnos cuenta de que no son convenientes en ese momento. La razón es que en esas situaciones de estrés agudo o de deseo imperativo vamos a ser más propensos a sufrir una infección porque estaremos menos cubiertos por la inmunidad de forma transitoria, precisamente cuando más riesgo de contagio hay por la gran cantidad de gente desconocida con la que interactuamos. Deberemos ser conscientes de que, si damos prioridad a conseguir ventajas y recompensas inmediatas, a veces triviales y sin importancia, sacrificamos las defensas internas que nos protegen, y esto nos puede acarrear consecuencias negativas dependiendo de la situación de que se trate y de cuánto se prolongue en el tiempo, como veremos en los casos de estrés crónico.

La inmunidad no es una actividad consciente

Las señales que regulan la inmunidad no necesitan una actividad mental consciente y eso supondrá una gran desventaja para nuestra salud. Como el sistema inmune trabaja en el inconsciente no nos damos cuenta de la defensa continuada y exitosa que lleva a cabo frente a los microorganismos, de la protección silenciosa que nos brinda cuando nos atacan los virus, las bacterias y toda la enorme cantidad de patógenos que están al acecho ahí afuera, en la naturaleza, esperando la oportunidad de infectarnos y que tienen un tamaño que los hace invisibles para los sentidos, pero no para un sistema versátil, que los mantiene a raya de forma eficaz con el fin de que sus efectos resulten leves para el organismo. Así ocurre en la mayoría de las ocasiones en que nos contagiamos, aunque no nos enteremos. De la misma manera, tampoco nos percatamos de que, cuando comienzan a actuar nuestros enemigos interiores, no somos capaces de percibir en qué momento aparece una mutación en una estirpe celular, que se reproduce sin control, y puede dar lugar a un tumor canceroso con metástasis. No advertimos la inflamación continua de nuestros órganos causada por la obesidad. Ni siquiera sabemos reconocer la conducta típica de apatía cuando caemos enfermos. Como también nos falta instinto de protección inmediato cuando vemos u oímos toser y estornudar a alguien cerca de nosotros, hasta que lo racionalizamos, y nos decimos que deberíamos guardar la distancia social para no contagiarnos.

Una buena función inmunitaria influye en que nuestro cerebro se mantenga activo durante más tiempo, en el éxito reproductivo, la fecundidad, la elección de pareja y la atracción física. Sabemos que una respuesta inmune robusta, completa y coordinada asegura una mayor supervivencia, como en el caso de los centenarios. Sin embargo, nos cuesta admitir que si entramos en ese estado de apatía y anhedonia típico de cuando estamos enfermos, es que realmente lo estamos y tenemos que cuidarnos para ayudar a nuestras defensas. Despreciamos a veces un sueño largo y reparador a pesar de que intuimos que nos está ayudando a recuperarnos de una enfermedad. Somos tan poco conscientes de lo mucho que nos conviene cuidar el sistema inmunitario porque el cerebro nos ofrece una percepción borrosa sobre su funcionamiento, lo que supone una gran desventaja para nuestra vida en el momento en que las defensas se debilitan y empiezan a fallar. Por eso tenemos que hacer un esfuerzo para tenerlo siempre presente a la hora de procurarnos un buen autocuidado, atendiendo sus necesidades básicas: el deseo de descansar, un sueño que sea reparador, una alimentación correcta, evitar la obesidad, tener actividad física, desarrollar buenos hábitos y, sobre todo, no exponernos más de lo conveniente dejándonos sin cobertura inmunitaria en situaciones de estrés y de deseo imperativo que se pueden evitar o al menos posponer.

RESUMEN DEL CAPÍTULO

- Cuando el sistema inmune no esté activado por completo cederá de forma solidaria energía y proteínas a otras funciones, como resolver el estrés, y puede suponer una desventaja para protegernos de las infecciones.

- Aprender hábitos y pautas de conducta para evitar situaciones de estrés o de deseo imperativo por conseguir recompensas inmediatas será importante para que el sistema inmune no retrase nuestra defensa.

- Las infecciones son más probables en los hombres con mayores niveles de testosterona. Cuando caemos enfermos se reduce el nivel de testosterona con el fin de liberar el sistema inmunitario.

- La producción de cortisol afecta a mujeres y hombres, y deprime en ambos el sistema inmune por el efecto solidario, y eso hace que aumente el riesgo de enfermedad durante el periodo de estrés agudo.

- Las señales que regulan la inmunidad no necesitan una actividad mental consciente y por eso nos cuesta reconocer cómo actúa, lo que supondrá una gran desventaja para nuestra salud cuando las defensas empiezan a fallar.

- Para un buen autocuidado, debemos atender las necesidades básicas del sistema inmune como el deseo de descanso, el sueño, la alimentación correcta, e intentar no exponernos a situaciones innecesarias de estrés y de deseo imperativo, que nos dejan sin cobertura inmunitaria.

3. EL ESTRÉS CRÓNICO HACE QUE EL CEREBRO PIERDA PLASTICIDAD

La presión selectiva que marcó nuestra evolución eligió el estrés como una buena respuesta del organismo, por eficaz y adaptativa, que ofrecía ventajas para satisfacer las necesidades básicas. Cuando se ponía en marcha hacía que fuésemos mejores para encontrar comida, agua, refugio, pareja y permitía que nos enfrentáramos con mayor éxito a los peligros que suponían un riesgo para la integridad física o la vida. ¿Qué ha pasado para que el estrés ya no sea tan bueno? Sencillamente, que la sociedad ha cambiado. Nuestras necesidades básicas están cubiertas en los países desarrollados y los peligros inmediatos e imprevistos provienen ahora de accidentes, catástrofes naturales y de otras personas que nos causan daño. Ya no hace falta estresarse si queremos comida o agua porque sabemos que las conseguiremos con facilidad. El ritmo acelerado que llevamos, las exigencias familiares, sociales y laborales, y, cómo no, la imposición de una autoexigencia en grado extremo son las causas que en la actualidad nos provocan estrés.

Tenemos la necesidad de gestionar y reducir las causas de los episodios de estrés que nos acometen. El estrés agudo tiene en principio una buena intención adaptativa, pues genera cambios mediados por el cortisol, con la movilización de la energía disponible, para hacer frente al miedo y la amenaza. Pero entre sus efectos colaterales se encuentran los problemas inmunológicos, digestivos, cardiorrespiratorios, de la función sexual y psicológicos. Todos sabemos que cuando sufrimos estrés no digerimos bien, se nos aceleran el pulso y la respiración, no disfrutamos del placer sexual y generamos un estado de ansiedad. De lo que no somos conscientes, y esto entraña mucho riesgo, como ya hemos visto, es de que también sufrimos inmunodepresión al quedar expuestos a las infecciones. Será el cerebro de cada uno de nosotros, según sea su impresión, el que decidirá lo que encuentra amenazante y si merece la pena que pongamos en marcha una reacción de estrés. Esta apreciación estará modulada por variables personales como la forma de ser, la autoconfianza y experiencia, y también por valores culturales y por el apoyo social con que contemos. Sin embargo, la percepción de los desencadenantes de estrés se puede modificar interviniendo sobre algunos aspectos de la identidad personal y formando mejores hábitos.

El estrés crónico no solo causa trastornos psicológicos como estrés postraumático, ansiedad y depresión, sino que afecta de modo importante a nuestra estructura y organización cerebrales. Cuando estamos sometidos a un estrés repetido e intenso, que no podemos manejar, nos supera y se mantiene en el tiempo, se modifica la plasticidad de nuestro cerebro. Se reduce su capacidad de aprender de las nuevas situaciones y experiencias. Pierde la facilidad de cambiar sus conexiones neuronales para adaptarse y hacer frente a las adversidades. Unas pocas semanas sufriendo estrés crónico que se escapa a nuestro control bastan para que la pérdida de neuroplasticidad se haga efectiva. Esto nos perjudicará a la hora de encarar los problemas y resolverlos. La buena noticia es que estos cambios se pueden revertir si logramos controlar la situación estresante.

La resiliencia es la capacidad que tenemos de afrontar la adversidad con la mayor normalidad posible. Esta cualidad viene determinada por los programas innatos cerebrales, pero tenemos margen de mejora si logramos manejarnos en situaciones extremas de desigualdad, violencia, maltrato o exclusión social generando un nivel de estrés que nos permita conservar el equilibrio emocional sin perder la sensación de control. Que soportemos mejor la presión de las adversidades y los hechos amenazantes vendrá determinado por la capacidad de recuperarnos del estrés con una mente flexible que pueda asimilarlos con normalidad. La queja permanente, la intolerancia a la frustración y la hiperemocionalidad nos restarán flexibilidad mental a la hora de controlar el estrés, sea agudo o crónico.

RESUMEN DEL CAPÍTULO

- El estrés es una respuesta que ofrecía ventajas para satisfacer las necesidades básicas y enfrentarnos con éxito a los peligros que suponían un riesgo para la integridad física o la vida.

- El ritmo de vida acelerado, las exigencias familiares, sociales y laborales, y la autoexigencia en grado extremo son las causas que en la actualidad nos provocan los episodios de estrés agudo.

- Tenemos la necesidad de gestionar los episodios de estrés porque provocan problemas inmunológicos, digestivos, cardiorrespiratorios, de la función sexual y psicológicos.

- La percepción de los desencadenantes de estrés se puede modificar interviniendo sobre algunos aspectos de la identidad personal y formando mejores hábitos.

- El estrés crónico afecta de modo importante a la neuroplasticidad cerebral, lo que nos perjudicará a la hora de encarar los problemas y resolverlos. Los cambios se pueden revertir si logramos controlar la situación estresante.

- La resiliencia es la capacidad que tenemos de afrontar la adversidad con la mayor normalidad posible, con equilibrio emocional y sin perder el control. La capacidad de recuperarnos del estrés aumenta con una mentalidad flexible.

4. LA DIETA INMUNE

Cada vez tenemos más evidencia de que las sustancias contenidas en los alimentos que comemos van configurando nuestro sistema inmunitario a lo largo de la vida. Muchos de estos nutrientes y moléculas orgánicas son inmunomoduladores, y precisamente la inmunonutrición se dedica a estudiar su impacto en la función y competencia de nuestras defensas. La alimentación de la madre durante el embarazo intervendrá en el primer bosquejo de la inmunidad del feto a través de la calidad y cantidad de los nutrientes que recibe. La lactancia materna sentará las bases del sistema de defensa proporcionando al bebé componentes esenciales que lo protegerán de enfermedades inflamatorias y alergias en las siguientes etapas del crecimiento. Un buen sistema inmune que nos defienda en todo momento de las agresiones externas —parámetro principal para valorar su eficacia—, necesita una excelente dieta, con un adecuado aporte de energía de forma constante, de macronutrientes, micronutrientes, fibra y fitoquímicos bioactivos. Micronutrientes como el zinc y las vitaminas D y C han demostrado efectos inmunoestimuladores y han contribuido activamente en la respuesta inmunitaria, tanto innata como adquirida. Si sufrimos un déficit de estos nutrientes nos inmunodeprimiremos y aumentará el riesgo de que suframos infecciones, en especial las respiratorias. Cuando el sistema inmune se activa por la causa que sea, una infección viral, bacteriana u otro proceso, necesita un adecuado aporte de energía para tener un buen funcionamiento. La fiebre será un gran consumidor de calorías extra. La desnutrición nos generará inmunodeficiencia, con una peor respuesta inmunitaria en general. El sobrepeso y obesidad producirán un estado de inflamación crónica que nos hará más vulnerables a las infecciones y al desarrollo de tumores. Por tanto, las situaciones de déficit o sobrecarga energética perjudicarán al sistema inmunitario, cuyas necesidades se complementarán con el aporte de nutrientes específicos.

Las proteínas son esenciales para las defensas

Con un sistema inmunitario activado por completo, nuestro consumo de proteínas será muy alto. Atender las demandas del organismo y reponerlas resultará de vital importancia para la producción de anticuerpos y la regeneración celular. El aporte adecuado de proteínas favorecerá la función defensiva al tiempo que su posterior recuperación, ya que, si no se reponen, el organismo recurrirá a degradar las proteínas musculares y de los órganos corporales. Por tanto, cuando estamos enfermos debemos consumir proteínas de alto valor biológico, con todos los aminoácidos esenciales para la formación de nuestras proteínas, y algunos con función inmunomoduladora, como la arginina y la glutamina. Estas pueden ser de origen animal como carne, pescado, lácteos y huevos o proteínas vegetales procedentes de la soja y las legumbres. Otros macronutrientes que incluiremos en la dieta inmune serán algunos lípidos que ofrecen protección contra las infecciones y muestran efectos antiinflamatorios. Se trata de los ácidos grasos omega-3, en concreto los ácidos docosahexaenoico (DHA) y eicosapentaenoico (EPA), que se encuentran en los frutos secos, las semillas, los pescados azules, algunos mariscos y en los aceites de todos estos alimentos. Además, el ácido oleico del aceite de oliva —virgen extra— y el aguacate ayudarán en el desarrollo y la activación de las células inmunes. Estos ácidos grasos insaturados —poliinsaturados y monoinsaturados— mejorarán el estado inflamatorio crónico de bajo grado de enfermedades como la obesidad, la diabetes tipo 2 y las enfermedades cardiovasculares. Sin embargo, los ácidos grasos saturados ejercerán un efecto proinflamatorio en el organismo y empeorarán estas enfermedades cardiometabólicas en particular. Por tanto, será conveniente evitar su consumo o al menos limitarlo para que no contrarreste la acción inmunitaria. Las grasas saturadas se encuentran en carnes rojas y casquería, embutidos y fiambres, lácteos enteros y quesos curados, dulces y bollería industrial. En cuanto a los carbohidratos, los azúcares son proinflamatorios y siempre es preferible utilizar en la dieta carbohidratos complejos integrales, que aportarán un elemento fundamental de la dieta inmune: la fibra.

La importancia de la fibra

Un aporte adecuado de fibra permitirá que nuestro sistema inmunitario sea más competente en su función defensiva. Su efecto prebiótico, que favorecerá el crecimiento de la microbiota intestinal, aumentará la cantidad disponible en la luz intestinal de butirato y otros ácidos grasos de cadena corta con efecto antiinflamatorio, y disminuirá la producción de citoquinas proinflamatorias. Para lograr estos beneficios inmunitarios la ingesta de fibra debe ser, como mínimo, de 30 g diarios, que alcanzaremos con un consumo regular de legumbres, cereales integrales, frutas y verduras. Una cantidad adecuada de butirato en la luz del colon nos permitirá mantener indemne la función barrera de la pared intestinal. Si se rompe esta barrera y la pared del intestino se vuelve permeable, quedaremos expuestos a las bacterias, cuyas toxinas entrarán en el organismo y alcanzarán la circulación sanguínea. Esta agresión desencadena una reacción inmunitaria mantenida que provocará una inflamación de grado bajo. Hoy se conoce la trascendencia de este tipo de inflamación en trastornos metabólicos como la obesidad central, con un acúmulo adiposo alrededor de la cintura y grasa alrededor de los órganos. También en el síndrome metabólico con aumento de los valores de tensión arterial, glucosa en sangre, colesterol y triglicéridos, lo que favorecerá el deterioro de las arterias e incrementará el riesgo de sufrir ictus y enfermedades del corazón.

¿Cómo se rompe la barrera protectora de la pared intestinal? Cuando el butirato disponible para alimentar las células epiteliales de la pared es insuficiente, estas comienzan a consumir glucosa. En sus reacciones metabólicas liberan oxígeno en la luz del intestino grueso, lo que daña la flora anaerobia de bacterias favorables, que empiezan disminuir en número. La microbiota se descompensa. Las bacterias perjudiciales rompen el equilibrio. Ahora crecen y se expanden sin la competencia que ejercían las favorables para mantenerlas bajo control. Inflaman la pared intestinal, la barrera protectora colapsa y se producen fisuras en ella, por donde penetran al interior del organismo cada vez más toxinas. Para reparar la integridad de la barrera y prevenir los trastornos cardiometabólicos, la diabetes tipo 2 y la obesidad, introduciremos en nuestra dieta más alimentos prebióticos. Aumentaremos las cantidades de cereales integrales ricos en arabinoxilanos, daremos almidón resistente a la digestión —no se transforma en azúcares—, que se obtiene cociendo y enfriando en la nevera los alimentos ricos en esta sustancia, como èl arroz, la patata, la avena o las legumbres, y complementaremos con inulinas —carbohidratos compuestos por fructosa— presentes en el ajo, la cebolla, los espárragos y en las raíces de la achicoria y el agave. Si se producen fallas en la barrera del colon por falta de butirato, la otra razón, además del escaso aporte de fibra como materia prima para producirlo, puede ser que no haya suficiente cantidad de bacterias favorables en el intestino grueso con poder de fabricarlo. En este caso, los microbios vivos probióticos, como el

Lactobacillus rhamnosus y *Bifidobacterium lactis*, han demostrado un efecto antiinflamatorio cuando se añaden a la dieta. Las cepas de *Lactobacillus casei* y *Saccharomyces boulardii* han resultado eficaces para regenerar la mucosa dañada por las infecciones y los antibióticos.

Vitaminas y minerales, protectores de la inmunidad

En cuanto a los micronutrientes, hemos comprobado durante la pandemia los efectos de la vitamina A y, sobre todo, de la vitamina D en la protección de las infecciones respiratorias y su influencia en la respuesta inmune. Las vitaminas C y E previenen la oxidación de los ácidos grasos poliinsaturados omega-3 de acción antiinflamatoria y de las células inmunitarias, que da como resultado la reducción del estrés oxidativo. Los déficits de vitaminas del grupo B, como B6, B9 o ácido fólico y B12, se asocian con una protección disminuida ante las infecciones, la inflamación y alteraciones de la inmunidad adquirida tanto humoral como celular. En nuestra dieta inmune no deben faltar los huevos, pescados y carnes para aportarnos vitaminas A y D. La leche y los derivados lácteos proporcionarán vitamina D, aunque una buena opción será tomarlos desnatados suplementados con A y D. Las frutas y verduras de colores vivos anaranjados contienen betacarotenos, que son provitamina A. La vitamina B6 la encontramos en los alimentos ricos en proteínas; el ácido fólico o B9, en los cereales, las legumbres y las verduras de hoja, y la B12, en los productos de origen animal. La vitamina C la hallaremos en los cítricos y otras frutas, y en las verduras. Los frutos secos y el aceite de girasol nos proporcionarán vitamina E. Las frutas, verduras, especias, hierbas de condimento y otras plantas contienen fitoquímicos bioactivos, como los polifenoles, que ayudan al sistema inmune por sus efectos antioxidantes y antiinflamatorios. Entre los minerales destaca el zinc por su colaboración con el sistema inmune en el crecimiento y la diferenciación de sus células y la preservación de las membranas. El cobre, el hierro y el selenio intervienen en la producción de anticuerpos y en la proliferación y diferenciación de los linfocitos T. El zinc está presente en las legumbres, moluscos y crustáceos, y en las carnes rojas; el hierro, en los pescados, carnes y derivados cárnicos, la verdura de hoja verde y las legumbres. El cobre, en los moluscos y crustáceos, las legumbres, los frutos secos y los cereales integrales; el selenio, en los mariscos, las carnes rojas, los huevos y los cereales integrales.

Dieta inmune y actividad física

Esta dieta inmune deberá complementarse con actividad física regular porque posee efectos antiinflamatorios, regula la actividad de las defensas y retrasa la pérdida de capacidad en la protección inmunitaria que va apareciendo con la edad. En definitiva, todo lo que produzca un efecto antiinflamatorio ayudará al sistema inmune a hacer mejor su trabajo y, desde luego, mantener un estilo de vida activo será un gran aliado de nuestras defensas.

RESUMEN DEL CAPÍTULO

- Un buen sistema inmune necesita tener una excelente dieta, con un aporte de energía constante, macronutrientes, micronutrientes, fibra y fitoquímicos bioactivos. El zinc y las vitaminas D y C han demostrado efectos inmunoestimuladores.

- La desnutrición nos generará inmunodeficiencia; la obesidad producirá un estado de inflamación crónica que nos hará más vulnerables a las infecciones y al desarrollo de tumores.

- Cuando estemos enfermos tomaremos proteínas de origen animal, que tienen un alto valor biológico, y las vegetales de las legumbres y la soja. Algunos aminoácidos poseen una función inmunomoduladora como la arginina y la glutamina.

- Los ácidos grasos omega-3, como el docosahexaenoico (DHA) y el eicosapentaenoico (EPA) de los pescados y frutos secos, y también el ácido oleico del aceite de oliva ofrecen protección contra las infecciones y muestran efectos antiinflamatorios.

- Un aporte adecuado de fibra favorece la microbiota intestinal y aumenta la cantidad disponible de butirato con efecto antiinflamatorio en la luz intestinal, y disminuye la producción de citoquinas proinflamatorias.

- La dieta inmune deberá complementarse con actividad física regular porque posee efectos antiinflamatorios, regula la actividad de las defensas y retrasa la pérdida de capacidad en la protección inmunitaria que va apareciendo con la edad.

AUTOCONOCIMIENTO

1. CONOCERNOS DE VERDAD PARA IDENTIFICAR NUESTRO TALENTO

Algunos procesos de crecimiento personal utilizan como formidables reclamos ciertos mantras que nos alientan a investirnos de poder espiritual para experimentar la revelación de nuestro auténtico talento. Nada cambiará en el fondo de los mensajes, tanto si preferimos para «iluminarnos» recitar el símbolo sonoro de la sílaba «om», a lo largo de las ciento ocho cuentas del mala, apelando a la ciencia infusa del propio Buda, como si repetimos a modo de terapia las frases homologadas por algún maestro del pensamiento positivo que habite en las redes sociales y en los libros de autoayuda. La retahíla será de este tenor: «seremos quienes queramos ser», «no hay límites para lograr aquello que nos propongamos», «no existe adversidad que no podamos remontar», «ostentamos el control absoluto de nuestro propio destino» y ya enrolados en este torbellino de aspiración infinita, nos convenceremos de que no tenemos techo, y ¡por qué no!, nos sentiremos como supermanes traspasando el cristal oscuro del espacio infinito más allá de la bóveda celeste. Sin embargo, cuando el efecto psicológico del mantra cesa al poner de nuevo los pies en la polvorienta tierra diaria, con qué reticencia y desagrado solemos admitir nuestros límites naturales, las características biológicas y culturales que nos hacen diferentes, únicos e irrepetibles, aunque esto último los gurús mediáticos no lo consideren más que un consuelo de perdedores.

A veces entramos en un *shock* emocional cuando descubrimos que tenemos límites reales y que serán muy difíciles de superar. Quizá nos quedemos allí atrapados durante algún tiempo o nunca salgamos de ese refugio. Pero a la salida nos esperan dos caminos que divergen. Uno embaldosado con el enfado y la queja de no estar mejor dotados para hacer algo que deseamos; nos quedaremos atravesados por un trauma que nos disuadirá de esforzarnos en perseguir nuestros sueños por siempre, será el camino de la profecía autocumplida. El otro lo recorreremos en solitario, sin compararnos con nadie, donde exploraremos nuestro talento y rendimiento potenciales para adquirir las habilidades necesarias que nos lleven a cumplir nuestros objetivos. Emprender el camino del diálogo interior nos exigirá responder con sinceridad a tres preguntas: ¿quién soy?, ¿qué debo saber acerca de mi talento y habilidades?, ¿qué puedo hacer con ese autoconocimiento?

La evolución personal

Los progenitores saben mucho sobre nuestra evolución personal y en qué fuimos especialmente talentosos. Desde el preciso instante en que vinimos al mundo fueron testigos cuidadosos de cómo desarrollábamos distintas habilidades, que nos exigían toda la capacidad de esfuerzo disponible, para superar los desafíos de cada día que pasara. Lo buenos y constantes que fuésemos respirando, mamando, durmiendo, moviéndonos o llorando nos reportaría ventajas desde el primer minuto de vida. Acumularíamos un plus de recompensas según la eficacia con que gesticulásemos, sonriésemos, gritásemos, miráramos fijamente, agarrásemos, chupáramos, mordiésemos, pataleásemos, gateáramos o la precocidad con que nos pusiésemos de pie. Dependiendo del buen desempeño de estas destrezas previas, obtendríamos beneficios extra en funciones de primer orden como andar, comer, hablar o correr. Nuestros padres se mostraban satisfechos cuando nos veían caminar con agilidad, comer con normalidad, hablar y expresarnos con soltura, y que, además, corríamos con rapidez. Con esa información presagiaban que dispondríamos de la suficiente pericia para desenvolvernos en tareas esenciales como leer, escribir, razonar problemas matemáticos, adquirir conocimientos de arte, literatura, ciencia, filosofía y técnicas de música, dibujo, idiomas, baile, teatro, practicar diversos deportes y, probablemente, también jugar bien al ajedrez. Nuestra historia es el relato de los hábitos que nos definen. El talento personal se basará, por tanto, en la capacidad potencial para adquirir y acumular habilidades mediante los automatismos que generan la mente y el cerebro con el fin de optimizar nuestro tiempo, y disponer de mayor libertad para hacer otras cosas que deseemos. No existen muchos más secretos.

En algún lugar de la memoria, captada en directo o en un documental, a buen seguro tendremos registrada la imagen en movimiento del nacimiento de un ternero. Si no, con rescatar de los archivos cerebrales el alumbramiento de un cabrito, de un corderito, de un cerdito conseguiremos el mismo efecto. Pues bien, recordemos que cuando se rompe repentinamente la bolsa amniótica y los recién nacidos caen empapados al suelo, hechos un ovillo debido a la postura fetal, saben de manera inmediata cómo respirar. Muy pronto conseguirán ponerse de pie solos, moverse de un lado a otro, identificar a su madre, seguirla y localizar el lugar de las ubres donde tienen que mamar. Estas acciones denotan conocimiento, pero como se trata de animales les restamos importancia y decimos que son meros reflejos. Sin embargo, pensemos en este supuesto: estamos muy hambrientos, nos encontramos con un rebaño de vacas y sabemos que si bebemos su leche saciaremos el apetito. Para ser eficaces en nuestro propósito tendremos que identificar la vaca que está criando para asegurarnos de que habrá leche, y luego tenemos que saber cómo ordeñarla. Reconozcamos que aprenderlo sin ayuda de nadie nos podría costar algún tiempo. Aunque, claro, siempre podemos seguir la pista del ternero recién nacido y hacer lo mismo que él. A donde quiero llegar es a que llevar a cabo todo este proceso de forma automática comporta una cantidad de conocimiento previo considerable. Otra cosa distinta es que ese conocimiento no haya que adquirirlo porque venga ya instalado en los programas innatos cerebrales.

En contraste con los animales, los niños recién nacidos, si bien respiran y succionan para mamar, tardarán meses en ser autónomos y desplazarse por deseo propio. También se retrasarán en manifestar las funciones que reconocemos como características de la especie humana, expresarse mediante el lenguaje o demostrar habilidades para construir cosas. Esto nos lleva a la idea intuitiva de que los neonatos humanos nacen sin saber nada, que lo aprenden prácticamente todo imitándonos y asimilando lo que les enseñamos. La ciencia ha demostrado que nuestra percepción estaba equivocada. La naturaleza, además de fabricar un cuerpo que funciona, adjunta con el nacimiento un manual de instrucciones impreso en los circuitos cerebrales con información sobre cómo utilizarlo, remarcando la manera de reaccionar a determinados estímulos y situaciones. Con la experiencia y el aprendizaje de conocimientos y habilidades este sistema operativo inicial se transformará de un modo tan increíble que nos costará deducir que ya estaba ahí en origen. Este programa constituye lo que somos y lo que seremos en esencia. Es la voz interior que dicta nuestro gusto por esto y no por aquello, que nos apetezca estar con unas personas y no con otras, que sintamos hambre a determinadas horas, que seamos calurosos o frioleros, que nos pesen los días de lluvia y no queramos salir de la cama, o revivamos apenas entra la luz del sol por la ventana.

Existe mucha evidencia científica de que los seres humanos nacemos con un saber innato que hemos adquirido a lo largo de la evolución como especie, de la misma manera que la presión selectiva configuró los genes que dieron lugar a nuestro enorme, plástico y complejo cerebro. Con pocos días o semanas de vida ya tenemos nociones de espacio y tiempo, de movimiento animado e inanimado, de conjuntos y cantidades cuyo conocimiento no sabremos comunicar aún, pero que aprenderemos a expresar a medida que crezcamos, madurando también en el control de los pensamientos, los sentimientos y las acciones que llevamos a cabo. Se ha demostrado con datos sólidos que a tan corta edad ya disponemos de un incipiente código moral. Somos capaces de distinguir entre lo bueno y lo malo, preferimos una acción positiva sobre otra negativa, desconfiamos más de quienes tienen acentos diferentes y mostramos sesgos que discriminan a la gente por su apariencia.

Estamos condicionados por programas innatos

La neurociencia desmonta por completo la idea que tratan de vendernos algunos mantras de la transformación personal de que somos como un folio en blanco donde cada uno puede escribir libremente y sin límites su lista de deseos y aspiraciones. Pero a veces convencer con la verdad científica no es nada fácil. Las personas no solo somos lo que somos —es la realidad empírica—, sino lo que creemos que somos, lo que los demás quieren que seamos y lo que aspiramos a ser. Para no defraudar a ninguno de estos «seres», muchos se dejan seducir por la idea propalada por esos falsos gurús del crecimiento personal de que el cerebro viene en blanco —quizá porque te lo lavan— y es pluripotencial en capacidades y talento. Una especie de órgano madre que podría transformarse en lo que deseara y protagonizar una de esas historias de superación donde la gente pulveriza sus límites naturales, con las que prefiere soñar adormecida buena parte de la humanidad.

Deberemos tomar conciencia de que estamos condicionados por programas cerebrales innatos y reconocer con humildad que no disponemos de capacidades infinitas. Sin embargo, esta circunstancia no representa una amenaza para la realización plena de nuestro talento potencial, sino que deberemos aceptar un marco de juego y actuar bajo unas reglas, pero aun así dispondremos de una amplia libertad de movimientos. Será esencial que sepamos distinguir con claridad qué programas no se pueden cambiar y habrá que mantenerlos bajo control, cuáles serán difíciles de modificar aun intentándolo con denuedo, y cuáles resultarán maleables con facilidad si nos entrenamos para ello.

El autoengaño colectivo ha generado la idea preconcebida, casi universal, de que aquello más genuinamente humano debe respirar humanidad por los cuatro costados; si no, será poco humanitario: el amor, la bondad, la empatía, la solidaridad. Atendiendo a esta premisa, no parece una característica demasiado aceptable como humana que los recién nacidos muestren sesgos discriminatorios innatos hacia los que son diferentes a ellos y a las personas de su entorno, y que, en parte, estas concepciones se hallen presentes en la moral y la ética tanto personal como social. A pesar de que contamos con sólidos datos científicos de que esto es así, hay quienes sienten demasiada inquietud ante esta evidencia e intentarán rechazarla intelectualmente porque contraviene el deseo de vernos en el espejo como una especie bondadosa. En otros casos, los liderazgos sociales formularán enmiendas de silencio a la totalidad para convertir este asunto de los programas cerebrales innatos en tabú. A su juicio, no sería políticamente correcto admitir que no todos nacemos con las mismas capacidades y talentos. Aunque omitiéndolo, estén creando una situación menos igualitaria para quienes disponen de unas condiciones innatas menos adaptativas a la sociedad actual. Cualquier estrategia de evitación de los sesgos innatos, en lugar de entenderlos, para corregirlos o dominarlos, será un enorme error cuando se quiere llegar al autoconocimiento verdadero. El primer paso del camino para lograrlo será cambiar la idea preconcebida sobre lo que es genuinamente humano. Cualquier rasgo humano, sea o no innato, no significa *per se* que sea bueno, correcto y esté repleto de humanidad. Tampoco constituirá necesariamente una ley natural que estemos obligados a cumplir. Cuando no logramos modificar aquellos rasgos innatos que menos nos enorgullecen, debemos trabajar duro para evitar que nos dominen.

Existen rasgos innatos difíciles de modificar en general, pero que sí cambian bajo determinadas circunstancias. Cuántas veces nos admira que cómicos, actores y actrices se declaren tímidos incorregibles. ¡Cómo puede ser!, nos decimos. Les ocurrirá en las entrevistas y en la vida privada, porque sobre las tablas del escenario, y en los platós de televisión, ese rasgo de su temperamento desaparece por completo. Nos debemos alegrar de que esto le ocurra a alguien, porque la timidez es una manera innata de reaccionar ante la gente difícil de modificar. Ellos han tenido el talento de encontrar un ambiente —la interpretación— en el que no son introvertidos. Ahora que sabemos que se puede hacer, si estamos en ese caso, intentaremos buscar nuestro propio ambiente, centrando ahí nuestro talento y habilidades para lograr vivir sin timidez.

Los progenitores ya ven en la primera semana de vida si somos apocados o extrovertidos, tranquilos o movidos. Las investigaciones revelan que existe una predisposición genética considerable en los rasgos de la personalidad que se expresan tan temprano al nacer. A veces los padres se preocupan porque sus hijos son cortos de ánimo, están siempre cansados, no se conforman con nada o no paran quietos, y los conminan a comportarse de la manera contraria. No será fácil que lo consigan de un día para otro. El tiempo irá suavizando esos rasgos innatos, pero no desaparecerán del eje de la identidad. Pero no todo son malas noticias. Por suerte, tener la capacidad de disfrutar con cualquier cosa aprovechando cada momento es un rasgo innato difícil de perder, que contribuirá a que seamos un poco más felices. En estos casos, una buena forma de emplear el talento será potenciar la capacidad para obtener placer de la vida y quedar satisfechos casi con cualquier actividad que llevemos a cabo. El optimismo es otro rasgo que no se cambia con facilidad. Cuando el optimista piensa que le va a ir bien y le va mejor, entra en un bucle de profecía autocumplida. Si centra su talento emocional en optimizar la capacidad para conseguir objetivos, se convertirá en protagonista principal de su desarrollo personal.

Modificar los programas cerebrales

Hay programas del cerebro que se pueden modificar con facilidad utilizando la capacidad de adquirir y acumular habilidades mediante hábitos y automatismos. La predisposición genética en estos programas será menos influyente y el sistema de la dopamina, una molécula que actúa como neurotransmisor de la motivación, el aprendizaje y las recompensas, se convertirá en el principal regulador de estos procesos cerebrales. Hay que desmitificar que bebés y niños sean como esponjas que lo aprenden todo al vuelo, porque en realidad difieren poco en capacidad de jóvenes y mayores, salvo por la cantidad de tiempo que emplean en aprender. Las investigaciones han demostrado que cuando un adulto y un niño dedican el mismo número de horas a aprender una disciplina nueva, acaban sabiendo prácticamente lo mismo. En la edad adulta la intensidad de los cambios cerebrales operados por la dopamina será similar a la de la infancia. Lo que ocurre en la vida real es que disponemos de menos tiempo y de muchísima menos motivación para aprender que los niños. Por contraste con ellos, pensamos que estamos perdiendo facultades, pero en realidad su cerebro no es más plástico que el nuestro. Es probable que ya no nos acordemos de que desde que nacimos hasta la adolescencia nos dedicamos en exclusiva a aprender hábitos fundamentales para construir nuestro futuro: andar, hablar, comer sin ayuda, correr, ser autónomos para asearnos y vestirnos, leer, escribir, resolver problemas de matemáticas y ampliar nuestra vida de relación social. Quizá tampoco conservemos muchos recuerdos de lo difícil que fue y de lo mucho que nos costó conseguirlo. El esfuerzo será el combustible que haga posible la adquisición de hábitos. La consecuencia es que cualquier transformación requerirá dedicar horas de atención, incluso pasarlo mal durante un tiempo, hasta que se produzcan los cambios necesarios en el cerebro que creen los automatismos del hábito que nos reportará recompensas satisfactorias. La humanidad ha trabajado durante toda su existencia en reducir el coste de tareas necesarias sin renunciar a ninguno de sus placeres. El mundo virtual es buena prueba del poco coste y trabajo que representa para nosotros obtener sus recompensas. La paradoja de la condición humana es que nuestro enorme cerebro necesita buenas dosis de trabajo, esfuerzo y hasta de duro sacrificio para lograr hitos que de verdad merezcan la pena.

RESUMEN DEL CAPÍTULO

- Nuestra historia es el relato de los hábitos y las habilidades que nos definen. El talento personal se basará, por tanto, en la capacidad potencial para adquirirlos y acumularlos mediante automatismos que se generan en la mente y el cerebro.

- La naturaleza, además de fabricar un cuerpo que funciona, adjunta con el nacimiento un manual de instrucciones impreso en los circuitos cerebrales con información sobre cómo utilizarlo, remarcando la manera de reaccionar a determinados estímulos y situaciones.

- Con la experiencia y el aprendizaje de habilidades la información de los programas innatos cerebrales que constituyen lo que seremos en esencia se transformará de un modo increíble.

- Cualquier rasgo humano no significa *per se* que sea bueno y correcto. Cuando no logramos modificar aquellos rasgos innatos que menos nos enorgullecen, debemos trabajar duro para evitar que nos dominen.

- Existen rasgos innatos difíciles de modificar, pero que sí cambian en ambientes adecuados, como la timidez. El optimismo es otro rasgo que no se cambia fácilmente. Centraremos en él nuestro talento y habilidades.

- La mayoría de los programas del cerebro se pueden modificar con facilidad empleando esfuerzo y talento para mejorar la capacidad de adquirir hábitos y habilidades a fin de lograr hitos personales que de verdad merezcan la pena.

2. EL AUTOCONOCIMIENTO Y LA INTELIGENCIA CORPORAL

¿Por qué el cerebro humano crea la conciencia? ¿Cuál es su razón de ser? Para contestar a estas preguntas tendríamos que entender mejor qué es la conciencia. Cuando conocemos aspectos de nosotros mismos y nos los contamos —cómo nos sentimos, lo que observamos, nuestras intenciones, nuestros propósitos—, estamos construyendo toda una narrativa sobre lo que somos y entonces decimos que tenemos conciencia. Una hipótesis muy interesante de la neurociencia sugiere que la conciencia aparece para tener un mejor control del cuerpo. Conocer si estamos agotados, descansados, fríos, calientes, encogidos, estirados, doloridos, relajados, enfermos o fortalecidos, proporciona información valiosa al sistema predictivo cerebral, que se mira y se pregunta por sus distintos estados corporales, para luego emprender acciones según sea el resultado de esta autoobservación. Detectar dónde nos duele, en qué lugar exacto, y las características de ese dolor nos ayudará a reaccionar para resolver la causa. Aprender con qué movimientos corporales de precisión optimizaríamos determinadas acciones, con qué secuencia de acción automática seríamos más eficaces, con qué automatismos repetidos tendríamos hábitos de conducta más exitosos supone adquirir grandes ventajas para la supervivencia. A fuerza de querer saber continuamente sobre nuestros estados corporales y sus procesos, la evolución selecciona que surja la conciencia. ¿En qué lugar quedarían las célebres preguntas quiénes somos, de dónde venimos y adónde vamos? Pues bien, de acuerdo con esta teoría, serían solo una derivada residual de nuestra capacidad de preguntarnos por los estados del cuerpo, que es para lo que se creó en origen la conciencia. Esto nos da pie para entrar en un interesante debate filosófico, pero lo único cierto que nos atrevemos a asegurar con evidencia científica es que cuando al final de la vida dejamos de sentir el cuerpo, la conciencia desaparece, deja de existir, salvo que futuras investigaciones nos demuestren lo contrario.

El universo y el cuerpo humano

Un estudio publicado en *Frontiers in Physics* (2020) sugiere que el universo se parece en su dinámica de crecimiento al cerebro humano, a pesar de que el cosmos sea muchísimo más grande. La investigación señala que una ley fundamental de la naturaleza regula la manera en que evolucionan y se expanden los sistemas de redes, se trate de la red cósmica de galaxias del universo unidas por materia oscura, de la red neuronal del cerebro conectada por las sinapsis o de la red de comunicaciones interconectadas de internet. Ante este hipotético pero fascinante paralelismo entre el universo y el cerebro cabe preguntarse: ¿cuál será su sistema operativo?, ¿dónde residirá su memoria?, ¿se habrá sustanciado en un cuerpo?, ¿qué tipo de materia lo formará?, ¿habrá creado su propia conciencia?, ¿qué percepción tendrá de la vida en la Tierra y de la humanidad? Bien, dejémoslo aquí. Por el momento, las respuestas a estas cuestiones son un enigma. Lo que sí sabemos con certeza sobre el universo es que estamos sometidos a sus rigurosas leyes en cuerpo y mente. Todas ellas poseen un gran poder para crearnos, destruirnos y transformarnos. Las leyes físicas, químicas, biológicas, fisiológicas y psicológicas configurarán los contornos de nuestra existencia protegiendo o devastando la homeostasis corporal, que es el equilibrio interno del organismo vivo que somos. Debido a la sola razón de existir dentro del universo, tendremos que aprender a gestionar en lo emocional esa presión que ejerce sobre nosotros el ambiente aplicándonos sus leyes generales de una manera a veces sutil, a veces demoledora. Esta será la gran habilidad que habrá que adquirir tras el nacimiento para desenvolverse en la vida. Sin duda, la más importante de todas. Quizá la única de verdad imprescindible.

La inteligencia corporal para conseguir equilibrio

Para desarrollar esa habilidad esencial, será imprescindible volcar nuestro talento en consolidar una inteligencia corporal ampliando la conciencia sobre el propio organismo, interrogándonos sobre él para llegar a comprenderlo y no pedirle imposibles que rompan sus equilibrios internos. De esta manera controlaremos mejor la presión emocional que puedan tener estas fuerzas de la naturaleza sobre nosotros y nos preocuparemos menos. Pero aun así podría ocurrir que una mañana cualquiera nos levantásemos con la extraña sensación de que estamos sometidos a amenazas latentes que flotan en el aire infundiéndonos el temor de que en el momento más inesperado algo de carácter incontrolable se precipitará sobre nosotros, o sobre alguno de los nuestros, y nos causará daño. Esta percepción resultará de poca trascendencia si solo ocurre una vez. En el preciso instante en que esta historia se repite, se convierte de manera automática en un hábito negativo, y esto va a hacer que nuestra conducta cambie. Si en la vida no aprendemos pronto estrategias para soportar la presión ambiental del mundo, puede aparecer el miedo a vivir, la amenaza de que nos suceda algo irreparable, lo que dará lugar a un estrés crónico cuyas reacciones serán de este tenor: irritabilidad, nerviosismo, preocupación excesiva, ansiedad y depresión, dolores de cabeza, problemas en la piel, intestino irritable, baja inmunidad e infecciones repetidas, malas digestiones, dolores musculares, aumento de peso, hipertensión, insomnio, problemas de concentración y de memoria. Cuando estos trastornos se manifiestan, la manera inteligente de tratarnos será susurrar suave a nuestro organismo desde el autoconocimiento para calmarlo una y otra vez, dedicándole el tiempo que haga falta a fin de empezar a vivir de una vez interpretando la realidad con menos miedo y aprensión.

Nos ayudará a ser más conscientes contestarnos con detenimiento este test de autoconocimiento corporal. Bien, con independencia de la edad que tengamos, ¿cómo creemos que es el estado de nuestro cuerpo, bueno, malo o regular? ¿Realizamos adecuadamente la mayoría de las funciones fisiológicas? ¿Tenemos dolores, inflamaciones o puntos débiles que se mantengan en el tiempo? ¿Cómo es nuestra constitución anatómica? ¿Mantenemos habitualmente una postura correcta o nos suelen corregir? ¿Qué cosas nos benefician de modo natural y qué nos perjudica por sistema? ¿Qué tipo de alimentos y comidas nos sientan bien y cuáles nos sientan mal desde siempre? ¿Qué nos produce alergias e intolerancias? ¿Cómo percibimos nuestros biorritmos, son más bien mañaneros o nocturnos? ¿Qué cualidades tiene nuestro músculo, es explosivo o de resistencia, tarda en calentar, se fatiga rápido? ¿Sufrimos contracturas musculares? ¿A qué hora del día nuestro cuerpo rinde al cien por cien, y cuándo está más cansado y le cuesta concentrarse en las tareas? ¿Cómo nos afectan el alcohol y las drogas? ¿Somos conscientes de qué actitudes corporales adoptamos cuando nos enfadamos, sentimos miedo, nos entristecemos o estamos contentos? ¿Cuál es nuestra forma de estar en la vida? Alguien puede pensar que en el test falta una pregunta sobre la regularidad intestinal. Por supuesto, quien aún no sepa la respuesta, debe añadirla al cuestionario: ¿con qué frecuencia hacemos las deposiciones, una, dos, tres veces al día, más de tres veces al día, cada dos días, cada tres días o más? Aunque lo cierto es que si existiese un *ranking* sobre los aspectos del funcionamiento del cuerpo de los que somos más conscientes, el número uno en popularidad sería la falta de puntualidad para ir al baño. Muchos se obsesionan cuando pasan más de veinticuatro horas sin tener deposiciones y hacen lo que sea preciso para que el tránsito intestinal vuelva a ser tan exacto como un reloj. Pues bien, si somos inteligentes con nuestro cuerpo, cada uno de los aspectos señalados en el test debería recibir el mismo nivel de atención que empleamos para restablecer esa ansiada cita diaria.

Conocer el cuerpo para perder el miedo

Partiremos de la premisa de que el conocimiento es el mayor quitamiedos inventado jamás. Aprender las nociones de esas leyes generales a las que estamos sujetos para descubrir en qué consisten y cómo afectan en realidad a nuestro cuerpo tendrá un efecto calmante de la inquietud a la que en ocasiones nos somete la vida. Las leyes de la física dictarán el comportamiento de la materia y la energía que nos componen, y cómo nos proyectamos en las dimensiones del tiempo y el espacio. La mecánica de Newton se ocupa del movimiento de los cuerpos en el espacio y cómo actúan las diferentes fuerzas sobre ellos. Es cierto que el resultado de la ley de la gravedad es lesivo cuando nos caemos o nos precipitamos desde una altura, pero viéndolo en positivo también nos permite disfrutar cuando jugamos, saltamos y bailamos. La mecánica de fluidos regula los líquidos y los gases que recorren el organismo e influirá de manera determinante en mantenernos con vida. Si el aire y sus componentes más importantes, como el oxígeno, dejaran de fluir en los pulmones y no llegaran a la sangre ni a las células, entraríamos en situación de asfixia. Sin agua esponjando los tejidos alcanzaríamos de inmediato un estado de deshidratación fulminante. Sin sangre circulante por las arterias nuestros aparatos y sistemas dejarían de funcionar. Se produciría un fallo multiorgánico. Esas agradables sensaciones de respirar llenando los pulmones de aire puro, del agua fresca cuando pasa por la boca y la garganta, de notar la sangre caliente corriendo por las venas, es gracias también a la mecánica de fluidos. La termodinámica gobierna las reacciones del metabolismo sobre los componentes de los alimentos absorbidos tras la digestión. Su propósito es nutrir y calentar el cuerpo a fin de estabilizar su temperatura idónea alrededor de 37 °C. Ese confort que nos proporciona reponer la energía, manteniéndonos calientes a pesar de unas condiciones meteorológicas adversas, se debe a esto. Las leyes químicas intervendrán sobre nuestro cuerpo en cometidos tan importantes como la formación de glucosa, ADN y proteínas, la regulación del pH de la sangre y la eliminación de toxinas y otros venenos. Las leyes biológicas organizarán la materia del organismo en células, tejidos, órganos, aparatos y sistemas, y regirán la defensa contra las infecciones de virus, bacterias, hongos y parásitos. Las leyes fisiológicas funcionarán para mantener nuestro cuerpo vivo y sano, en equilibrio homeostático, y si enfermamos actuarán en la resolución de las enfermedades agudas y crónicas. Estas últimas leyes dependerán unas de otras, y todas, de las leyes físicas universales. Si estamos sobrecogidos por el temor constante a la amenaza de sufrir un inesperado daño corporal por un traumatismo serio, una hemorragia grave, una asfixia parcial por intoxicación, un conato de ahogamiento, una congelación por frío extremo, o por la causa que sea, tendremos mucho miedo a vivir. Pero todos sabemos que vivir con miedo no es vida, por eso debemos ser capaces de ver lo positivo de nuestra condición humana, porque lo tiene y mucho. Además, los humanos poseemos un increíble talento para la autoprotección. Somos muy buenos desarrollando estrategias de inteligencia emocional, de inteligencia corporal, de adquisición de habilidades y de construcción de hábitos, y también estableciendo sociedades para protegernos mutuamente de estas leyes de la naturaleza de las que no podemos escapar.

Las amenazas sociales y la salud mental

En una de mis intervenciones en *La aventura del saber* ocurrió que Salva Gómez Valdés y yo estábamos sentados en el plató, con la señal dada de empezar a grabar en cinco segundos, cuando se vio por cámara desde el control de realización que había un problema de iluminación. Todo se detuvo mientras los técnicos trabajaban contra reloj para solucionarlo. Durante el compás de espera estuvimos prevenidos, charlando sin movernos del asiento. Hablamos de los motivos turbios de crear incertidumbre y temor gratuitos en la gente con la amenaza permanente de la mala situación de la economía, confabulándola con los miedos a la pandemia, a la urgencia climática y al desempleo tecnológico, para dañar de manera inmisericorde la salud mental de la gente. Con relación a esto último, aludimos a las complejas leyes psicológicas que nos determinan y nos hicimos la siguiente pregunta: ¿cómo es posible que el cerebro, que procura hacernos la vida más confortable, pueda decidir de manera consciente y por propia voluntad que nos autoinflijamos daño corporal al suicidarnos, autolesionarnos, comer hasta enfermar o dejar de alimentarnos por completo? Desde el punto de vista evolutivo, este comportamiento no parece muy exitoso que digamos. Entre tantas leyes de la naturaleza que nos determinan, nos convencemos de que existe el libre albedrío porque nos creemos con la capacidad de no hacer aquello que no queremos hacer. Sin embargo, muchos científicos que estudian el cerebro piensan que el libre albedrío puede no ser más que un concepto sugerido por la imaginación. Intuimos que alguien tiene libre albedrío porque actúa como si lo tuviese, pero no estamos seguros de que eso sea así. Lo cierto es que cuando una persona se suicida o mantiene una conducta autodestructiva no responde al instinto natural de supervivencia. Como especie, deberíamos hacérnoslo mirar.

De cualquier modo, deberíamos ser prácticos y actuar como si existiese el libre albedrío en lugar de pensar que somos el resultado de un conjunto de moléculas que pululan por el universo y que realmente no podemos decidir nada. Porque, si no, este mundo, que ya no está muy bien de por sí, estaría sin duda mucho peor. Tenemos que actuar con la autoconfianza de elegir las cosas que queremos, porque la alternativa es el miedo, el sufrimiento, percibir la vida como una amenaza permanente. Salva volvió a sacar a relucir la cita de T.S. Eliot: «La humanidad no puede soportar demasiada realidad». Es cierto, vivir sería insoportable si no pudiéramos hacernos ilusiones de que elegimos con libertad las amistades, los afectos, las relaciones de pareja o las decisiones que tomamos cada día al levantarnos por la mañana. Es probable que el libre albedrío no sea más que una gran historia de autoengaño que contamos a nuestra conciencia para que el mundo funcione y no colapse, pero qué apasionante es creer que la gente será amable, que se comportará con respeto, que los edificios no se derrumbarán a nuestro paso cuando caminemos por la calle, que todo seguirá colocado en su sitio, aunque también puedas asumir que de vez en cuando se produzcan excepciones a esa regla. A esta creencia tan estimulante nos tenemos que agarrar, porque de lo contrario viviremos paralizados, realmente sin vida.

RESUMEN DEL CAPÍTULO

- Estamos sometidos en cuerpo y mente a las leyes del universo, que poseen un gran poder para crearnos, destruirnos y transformarnos, e influir en nuestra homeostasis corporal, que es el equilibrio interno del organismo vivo que somos.

- Tendremos que aprender a gestionar emocionalmente esa presión que ejerce sobre nosotros el ambiente. Esta será la gran habilidad que habrá que adquirir tras el nacimiento para desenvolverse en la vida.

- Para conocer mejor nuestro organismo y no pedirle imposibles que rompan sus equilibrios internos tendremos que consolidar una inteligencia corporal.

- Cuando el miedo y la aprensión se manifiestan, la manera inteligente de tratarnos será susurrar suave a nuestro organismo desde el autoconocimiento para calmarlo una y otra vez dedicándole el tiempo que haga falta.

- Debemos desarrollar estrategias de inteligencia emocional, de inteligencia corporal y de apoyo social para protegernos de estas leyes de la naturaleza de las que no podemos escapar.

- Tenemos que actuar con la autoconfianza de elegir el camino que queremos, porque la alternativa es el miedo, el sufrimiento y percibir la vida como una amenaza permanente.

3. EL ESFUERZO Y EL TALENTO EN EL DESARROLLO DE HABILIDADES Y HÁBITOS

Imaginemos esta escena familiar que se produce cada día en miles de hogares en todo el mundo. Un bebé cumple su primer año de vida y sus padres han organizado una fiesta para celebrarlo. Se le ve muy contento y expresivo. Percibe reflejado en los rostros y en el tono de las voces de quienes lo rodean que hoy está sucediendo algo especial. Enuncia con gestos elocuentes y balbuceos su intención de ponerse a andar. Sus padres se colocan a cierta distancia entre sí en un lado de la habitación donde no haya peligro de tropezar, para que él pueda caminar de un lado a otro sin caerse. Cuando la madre lo suelta con cuidado, recorre titubeando el corto trayecto que lo separa de su padre, poniendo atención al echar el paso, hasta que este lo recoge sujetándolo en el aire. El bebé espera recibir un aplauso, una expresión sonora de admiración, una muestra de cariño en forma de besos y arrullos por parte de sus padres y los que lo observan. Estos no le defraudan y le proporcionan, además, abrazos, sonrisas, silbidos de júbilo y múltiples gritos de «¡bravo!». Esta recompensa emocional por su logro lo motivará a intentarlo de nuevo. Vuelve al punto de salida, pero esta vez se siente tan seguro y henchido de autoestima que, sin dudarlo, escapa de las manos de su madre y amplía deliberadamente la distancia que quiere andar, e intenta zafarse de las manos del padre para que no lo retenga antes de cumplir con su propósito, aun a riesgo de precipitarse al suelo dando un traspié. El bebé albergará ahora la expectativa de otra recompensa, más grande si cabe que la anterior, por haber batido su propia marca caminando un poco más lejos de lo esperado.

La dopamina, la molécula de la recompensa

Pues bien, este bebé nos ha dado una muestra, con su esfuerzo, de cómo funciona la adquisición de habilidades y hábitos, regulada por el sistema cerebral de la dopamina, que activa el circuito de la motivación, el aprendizaje y la satisfacción de las recompensas. Antes de que emprendiera la acción de ponerse a andar, su cerebro ya había anticipado que obtendría una recompensa más tarde. Esa expectativa hizo que liberara dopamina y se registraran picos de incremento de esta sustancia en sus neuronas. Las recompensas mediadas por la dopamina son un compromiso de pago satisfecho en este caso con reconocimiento y aplausos, pero también pueden consistir en proporcionarnos placer físico, dinero y pertenencias, o satisfacción moral por haber obrado de modo correcto. Cuando se cumplen las expectativas previstas por nuestro cerebro al ser recompensados por algo que hemos hecho, volvemos a empezar la actividad con más estímulo para consolidar el hábito, como ha ocurrido con este bebé, que no dejará de repetir su acción hasta que aprenda a andar con total autonomía. Pero si al finalizar una acción no hubiera recompensa alguna, los picos de dopamina en las neuronas decaerían y disminuiría nuestra motivación para volver a ponerla en práctica.

Es probable que ese bebé busque a lo largo de su vida gratificaciones similares a la incomparable excitación que le produjeron en su primer cumpleaños los vítores y abrazos de sus padres y allegados. Sus aprendizajes estarán motivados por la manera en que interiorice en estas primeras etapas la escala de placer que comportan las recompensas emocionales. Pero ¿qué ocurriría si los padres, para protegerlo de una posible caída, se negasen de forma reiterada a los deseos de andar del bebé? ¿Y si a pesar de sus esfuerzos por superarse en la destreza al andar no obtuviera las muestras de cariño esperadas, sino indiferencia? ¿Y si en lugar de aplausos y besos recibiera gritos y expresiones de disgusto? Si las recompensas por el esfuerzo en la formación de habilidades son de signo negativo durante la época en que estamos consolidando todavía el vínculo afectivo, es probable que se distorsione la escala del placer que experimentaremos en el futuro al adquirir hábitos. Tendremos que trabajar contra esta adversidad para darle la vuelta a la situación y reconducirla si queremos que no sea un obstáculo en nuestro crecimiento personal.

Con independencia de la influencia que tengan nuestros progenitores y los programas innatos, si queremos potenciar nuestro talento, será indispensable centrar el esfuerzo en campos de actividad que nos gusten, que se nos den bien, donde seamos tan buenos que destaquemos. Disponer de talento natural para desarrollar determinadas habilidades permitirá que disfrutemos haciéndolo, que obtengamos éxito en los resultados y recibamos más elogios y aplausos por ello. El sistema de la dopamina nos proporcionará nueva motivación para que cada vez sea más satisfactorio adquirirlas y mantenerlas, porque coinciden de pleno con nuestros gustos y preferencias. Cuando elegimos una actividad para la que estamos hechos, comprobamos desde el primer día que el progreso es fácil, nos cansa poco y la hacemos sin quejarnos. Si para avanzar en cualquier tarea necesitamos una cantidad de esfuerzo superior a lo normal y nos aburrimos pronto de ella, nuestra elección habrá sido incorrecta.

Si juzgamos a un pez por su capacidad de trepar a un árbol...

Muchas personas con talento natural, genios, en realidad, cuentan con una historia temprana de malos estudiantes. Un profesor de Albert Einstein escribió: «Este chico no llegará nunca a ningún sitio». Los maestros de Charles Darwin dijeron de él: «Un chico que se encuentra por debajo de los estándares comunes de la inteligencia. Es una desgracia para su familia». Thomas Edison, según su profesor, fue en la escuela «Un chico confuso, inestable y embrollón». Sin embargo, esta falta de visión de sus educadores, incapaces de apreciar el talento inusual de quienes tenían delante, no les impidió desarrollar una carrera brillante cuando encontraron la oportunidad que favorecía sus cualidades y sintieron de verdad que era aquello para lo que estaban hechos. Contra el pronóstico de maestros y profesores, Einstein llegó a todos los sitios imaginables e inimaginables con su teoría de la relatividad; Darwin demostró una inteligencia fuera de lo común al enunciar la teoría de la selección natural en la evolución biológica de las especies, y Edison salió de su estado de confusión y embrollo alumbrando la bombilla incandescente y otros inventos útiles para el progreso de la humanidad.

Tal vez haya una explicación convincente de por qué ocurre con tanta frecuencia lo que parece una falta de perspicacia histórica de los docentes en la identificación del talento de sus alumnos. Leonardo Da Vinci, Picasso, Churchill, Unamuno, Balzac, Verdi, Debussy y la escritora Marguerite Yourcenar están también en la lista de los casos conocidos. El científico Stephen Hawking declaró haberse aburrido en sus años de la universidad hasta que su enfermedad, con veintiún años, le hizo entender que tenía que activarse. Además del aburrimiento y de la falta de motivación para esforzarse, un rasgo característico que describe a estos estudiantes es su tendencia a la indisciplina, a rebelarse contra las reglas y el sistema. El maestro de primaria de Winston Churchill se refirió a él como «Un elemento que molesta constantemente y que siempre está a punto de meterse en líos». Años más tarde, el propio Churchill le replicaría: «Siempre me ha encantado aprender, lo que no me gusta es que me enseñen».

Algunas opiniones apuntan a que tal vez estos genios fracasaron en la escuela porque no estaban interesados en los conocimientos del pasado que les enseñaban, ni siquiera sentían curiosidad por ocuparse del presente, sino que su mente especial funcionaba de un modo tan diferente a la de sus compañeros y maestros que su visión privilegiada ya estaba centrada en anticipar el futuro. Pues bien, si conseguimos apartarnos de la mitificación que inspiran estos personajes históricos, la explicación podría ser bastante más sencilla. Los primeros profesores de Einstein declaraban que era tardo en contestar a sus preguntas porque las pensaba demasiado, lo que es compatible con el hecho de que consiguiera aprenderse poco o nada de memoria. También se cuenta de él que no entendía las reglas y las órdenes. Tal vez lo que se negaba a comprender era por qué tenía que asimilar los conocimientos de memoria cuando disponía de una capacidad increíble para razonarlos. Es probable que se resistiera a cumplir las órdenes que lo conminaban a responder las preguntas en clase de manera automática, como un papagayo, entre otras cosas porque dejaban al descubierto su poco talento memorístico. Quizá la explicación en el caso de Einstein es que no cultivaba su memoria y, por eso, pese a ser brillante en física y matemáticas, no era excelente en disciplinas de letras dentro de un sistema educativo que primaba el aprendizaje mnemotécnico. Una prueba de esto sería que Einstein suspendió el primer examen de acceso a la Escuela Politécnica Federal de Zúrich, donde se jugaba mucho debido a su delicada situación personal para haberlo hecho adrede. En su célebre cita «La educación es lo que queda después de olvidar lo se ha aprendido en la escuela» podría estar refiriéndose de modo subrepticio a todo aquello que él aprendió, o nunca llegó a aprender, de memoria.

Debemos aceptar la realidad incontrovertible de que, como Albert Einstein, nadie es bueno en todo ni nadie es malo en todo. Ninguno de nosotros posee todos los talentos por mucho que así quiera creerlo, ni tampoco carece por completo de ellos por mucho que se obceque en verlo de esa manera. Los programas innatos determinados por la variabilidad genética se instalan por paquetes de habilidades potenciales que, según cambien las circunstancias externas de una determinada época histórica o del círculo social donde nos movemos, serán más o menos favorables. Si nuestras potencialidades se inclinan hacia las habilidades manuales y artesanales, no tendrán demasiado encaje en círculos excesivamente tecnologizados. Si nuestro programa metabólico es muy eficaz ahorrando energía, tenderemos al sobrepeso en un ambiente de abundancia de comida. Si además de contar con una gran estatura mostramos habilidad para coordinar los movimientos corporales y talento en la visión de juego, seremos competitivos en el baloncesto, siempre que nos gusten los deportes de equipo y nos recompensen bien, claro.

El esfuerzo y los factores externos

Es innegable que una parte del proceso del desarrollo del talento tiene que ver con la suerte y los determinantes sociales. Si venimos al mundo con una combinación de talento para habilidades que son apreciadas en nuestro ámbito social y tenemos un entorno idóneo para desarrollar y perfeccionar ese talento, se creará un caldo de cultivo propicio para que surjan oportunidades que nos beneficien. Por descontado, tendremos que esforzarnos y trabajar denodadamente para alcanzar el éxito en lo que nos hayamos propuesto. Si, por el contrario, nacemos con un talento potencial para habilidades que son poco valoradas por la sociedad del momento, lo más probable es que cuando lo desarrollemos no nos beneficie de la manera esperada. Además, si tenemos la poca fortuna de estar expuestos a situaciones externas del entorno que no nos favorecen, la brecha entre unas personas y otras se amplía.

Pero en esta cuestión del talento y el esfuerzo no todo es blanco o negro, sino que existe una gama de supuestos intermedios en los que es posible compensar algunas de nuestras carencias. Podría darse el caso de que tuviésemos mucho talento potencial para desarrollar habilidades que son favorables en las circunstancias presentes, pero fallásemos a la hora de formar los hábitos necesarios que nos darían ventaja. También podría ser que nuestro talento potencial para habilidades favorables fuera menor, pero fuésemos muy diestros formando buenos hábitos. El supuesto peor sería que dispusiéramos de pocas habilidades potenciales favorables y fallásemos en la formación de hábitos beneficiosos. El escenario óptimo consistirá en reunir un gran talento potencial para las habilidades favorables junto a la destreza en la formación de esos buenos hábitos.

Cuando las circunstancias del premio nobel de Física Albert Einstein de pronto cambiaron y ya no tuvo que emplear la nemotecnia para aprender las disciplinas de letras, sus habilidades potenciales en este campo del saber se convirtieron en más favorables y su talento explotó. Casi todos conocemos historias parecidas a esta de Einstein. Alguien que de pronto nos sorprende, cuyo talento parece que ha explotado de repente y despunta en su actividad profesional, académica o incluso en alguna faceta hasta entonces desconocida por nosotros. Es seguro que sus circunstancias personales o profesionales han cambiado de un modo inesperado, lo que ha convertido sus habilidades potenciales en más favorables y ha propiciado que logre más éxito en aquello en lo que trabajaba. También conocemos casos en los que una persona deja un trabajo donde no destacaba demasiado, pasa a ejercer otro muy distinto y de pronto triunfa de modo sorprendente en él, aun siendo un recién llegado a la nueva actividad. El elemento diferencial que une a los protagonistas de estas historias de crecimiento personal es que todos fueron capaces de formar buenos hábitos a partir del mucho o poco talento que tenían disponible. De ese modo, cuando las condiciones mejoraron, el éxito en su desempeño creció como la espuma.

¿Qué se nos da bien de forma innata? ¿Qué hábitos son los apropiados para desarrollar ese talento? ¿Cómo identificamos las oportunidades que nos benefician? Estas preguntas hay que contestarlas en conversación con la verdad de nuestra conciencia, sin atender a lo que los demás esperan de nosotros, sin escuchar lo que la sociedad nos ha dicho sobre nuestra valía, sin ceder a las amenazas que nos atemorizan, como es la posibilidad de perder nuestro estilo de vida si emprendemos un nuevo camino. Hay que preguntarse de nuevo, ¿con qué nos sentiríamos realmente vivos, haciendo qué? Si nos reencontramos con nuestro yo auténtico cuando nos imaginamos desarrollando esa habilidad, es que estamos bien orientados. Como cada uno de nosotros tiene una combinación única de habilidades, elijamos especializarnos en una muy personal que hayamos testado que nos es del todo favorable y pongamos nuestro esfuerzo en la creación de buenos hábitos que nos hagan alcanzar el máximo potencial.

RESUMEN DEL CAPÍTULO

- Las recompensas mediadas por la dopamina son una satisfacción que puede consistir en reconocimiento, placer físico, dinero y pertenencias, o satisfacción moral por haber obrado de modo correcto.

- Si obtenemos la recompensa de la dopamina, repetiremos una actividad con más estímulo para consolidar el hábito, pero si al finalizar la acción no hay recompensa, los picos de dopamina decaen y disminuye la motivación.

- Para potenciar el talento tendremos que esforzarnos en campos de actividad que nos gusten y que se nos den bien. Eso permitirá que disfrutemos y obtengamos éxito en los resultados.

- Cuando elegimos una actividad para la que estamos hechos, comprobamos que el progreso es fácil, nos cansa poco y la hacemos sin quejarnos. Si nos aburrimos pronto de ella, la elección habrá sido incorrecta.

- Nadie es bueno en todo ni nadie es malo en todo. Ninguno de nosotros posee todos los talentos por mucho que así quiera creerlo, ni tampoco carece por completo de ellos por mucho que se obceque en verlo de esa manera.

- Si nos reencontramos con el yo auténtico de nuestra identidad personal cuando nos imaginamos desarrollando una habilidad que hemos elegido, es que estamos bien orientados.

4. LA FORMACIÓN DE HÁBITOS Y AUTOMATISMOS

Descubrir qué se nos da bien de forma natural, identificar el talento potencial de que disponemos para desarrollar habilidades que nos favorezcan en la vida y saber con qué habilidad nos sentimos más identificados son requisitos indispensables para cambiar la realidad de lo que somos, aunque resultarán insuficientes si no tenemos la capacidad de formar buenos hábitos que consoliden y mejoren nuestras habilidades. En la mayoría de los casos, adquirir esta capacidad implicará hacer cambios en nuestro estilo de vida y en nuestra identidad, que van a requerir una mentalización adecuada, tomar las decisiones correctas a tiempo, dedicar todo el esfuerzo que sea necesario y estar dispuestos a pasar a la acción cuanto antes. Deberemos asumir también que surgirán resistencias al cambio provocadas por una serie de fuerzas de tensión psicológicas que tendremos que vencer o, al menos, neutralizar en parte para que no supongan un obstáculo en nuestro camino.

La formación de hábitos requiere averiguar el grado de tensión que ejerce en nosotros la inercia mental que nos inclina a no cambiar en nada, sea en lo que respecta a nosotros, sea relativo al mundo que nos rodea. La fuerza de la inercia nos inclina, en general, a desdeñar y desoír realidades que nos resultan desagradables y que, de atenderlas, nos obligarían moralmente a un cambio en nuestros hábitos, actitudes y actuaciones. Preguntémonos: ¿en qué medida nos ocurre esto a nosotros? Hagamos un test rápido: ¿dejamos las cosas para última hora, solemos posponerlas para el día siguiente?, ¿hacemos ejercicio de forma regular?, ¿reciclamos los residuos de la forma adecuada?, ¿dormimos al menos siete horas diarias?, ¿nos hemos preocupado alguna vez por gestionar mejor el estrés?, ¿cumplimos las normas de circulación tanto si somos peatones como conductores?, ¿llevamos una dieta equilibrada? Todos nosotros podríamos estar de acuerdo en que seguir estos principios elementales de conducta planteados en el test mejoraría nuestra vida de forma sustancial, pero si no los llevamos a cabo es porque abandonar rutinas que hemos practicado desde siempre no es tan fácil cuando la inercia es poderosa y nos abduce. Por lo general, si nos sentimos incapaces de dominarla es porque la hemos alimentado con nuestro miedo a descubrirnos en una falta de coherencia. Cada día que pasa tenemos más temor a hacernos esta pregunta clave: si los hábitos que he llevado toda la vida no son los correctos, y en la mayoría de los casos lo sabía, ¿por qué lo he hecho y por qué lo sigo haciendo? Como es probable que la respuesta nos haga quedar mal ante nosotros y, lo peor, también ante los demás, ni nos la planteamos. De este modo, el interés por un posible cambio para mejorar nuestros hábitos terminará donde empiezan las excusas, que van empujándonos poco a poco hasta apartar nuestra atención sobre el tema y dejarlo para otra ocasión. Cometemos un serio error con esta actitud de dejadez y desidia. No hay mejor ocasión para cambiar que la primera oportunidad en que nos sentimos con el impulso necesario para hacerlo, porque esa será la única manera de romper la inercia sin tener que contestarnos preguntas incómodas y culparnos por ello.

Otra fuerza negativa que deberemos aprender a contrarrestar será el efecto psicológico de la aversión a la pérdida, esto es: disfrutamos menos ganando cosas en comparación con la intensidad del disgusto que nos causa perderlas. Nos pondremos muy contentos si ganamos un gran premio en la lotería, pero, en proporción, será mayor el disgusto si nos dicen que ha habido un error y no somos los ganadores. Debido a este efecto, cuando nos enfrentamos a la decisión de hacer un cambio, tendemos a centrarnos más en lo que podemos perder que en lo que podemos ganar, aunque lo que ganemos sea bastante. La aversión a la pérdida es una fuerza de tensión psicológica por la que estamos predispuestos a mantenernos en lo que tenemos, aunque no sea lo mejor ni mucho menos. Cuando deseamos cambiar, en principio nuestra motivación es ganar con el cambio. Si nos resistimos es porque no queremos arriesgarnos a tener pérdidas y empeorar las cosas por lo doloroso que nos resultaría. Preguntémonos ahora: ¿cuánto nos cuesta cambiar por no arriesgar?, ¿cuánto nos duele perder?, ¿cuánto nos cuesta disfrutar de las situaciones de las que no sacamos nada material? Si las tres respuestas son «mucho», mucha será también la fuerza con que este efecto se opondrá a nuestros deseos de cambio. Cuando tomamos decisiones que afectan a la mejora personal, la aversión a la pérdida impide que hagamos una valoración correcta del coste de oportunidad que implican. Los beneficios de hacer algo a no hacer nada se duplicarán en este caso, porque a lo que se gana hay que sumar lo que no se pierde. Si formamos buenos hábitos para mejorar nuestra alimentación, a la salud que estamos ganando ahora habría que sumarle la que ya no perdemos por haber abandonado nuestros malos hábitos nutricionales.

Los hábitos y el gasto de energía

Tendremos en cuenta también cómo opera en nuestra mente una nueva fuerza de tensión, en este caso gobernada por el principio general de la cantidad de energía mínima necesaria, que establece que para ir de un punto a otro seguiremos el camino que implique el menor gasto de energía posible, siempre que sea suficiente para realizar el recorrido completo. Es decir, siempre elegiremos el camino más corto. Esto traducido en términos de esfuerzo personal significa que cuando tomamos una decisión sobre las posibles acciones que podemos emprender para conseguir nuestros propósitos, elegimos la alternativa que necesita la cantidad de esfuerzo mínimo para obtener idéntico resultado, o bien aquella opción que con menor esfuerzo producirá en proporción un mejor resultado que las demás.

Querer no es poder

Uno de los mantras más empleados por los procesos de transformación personal es «si quieres cambiar, puedes». Esta proposición es obvia, pero no es incondicional. Por mucho que lo deseemos, no conseguiremos cambiar solo con motivación. Para tomar impulso y romper la tensión de la inercia no hay nada mejor que una buena motivación inicial. Cargarse de razones, alcanzar un estado de entusiasmo, hacer acopio de fuerza de voluntad, junto a la estimulación cerebral que ejerce la dopamina por la expectativa de una recompensa final, nos servirá de combustible para los primeros días de cambio, en que además deberemos neutralizar el grado de aversión a la pérdida que sienta cada uno. A medida que pasamos a las siguientes etapas del proceso de cambio, si seguimos empleando demasiada energía para contrarrestar las diferentes fuerzas de resistencia, se irá instalando en nuestra mente la idea de abandonar. ¿Por qué nos ocurre esto? Porque ahora, una vez que hemos iniciado el camino, la fuerza de tensión mental que se opone al cambio es el principio que determina la cantidad de esfuerzo mínimo necesario. De modo que cuanto más esfuerzo exija la acción de cambiar, menos probabilidades habrá de que tenga éxito. En la motivación inicial de cualquier cambio tiene un gran peso la ilusión de hacer lo más conveniente para nosotros. Pero la continuidad del proceso dependerá de hacer aquello que resulte más económico en términos de gasto de energía. Si llegados a un punto equidistante el menor esfuerzo es continuar cambiando, lo lograremos, pero si el menor esfuerzo es desistir y volver al punto de partida, lo dejaremos todo, renunciaremos a lo que habíamos conseguido ya y regresaremos.

Aprovecharemos lo que hemos aprendido con el autoconocimiento de las fuerzas psicológicas de tensión contraria que con mayor o menor grado de éxito actúan en cada uno de nosotros impidiendo los cambios que deseamos hacer, y lo aplicaremos a la formación de hábitos. Sabemos ya que un cambio se llevará a cabo más rápido en la medida en que necesite menos energía para consolidarse. Pues bien, la formación de un hábito supone un cambio que seguirá justo ese mismo patrón. Si el hábito que deseamos adquirir tiene una mecánica complicada, exigirá de nosotros mucha dedicación y esfuerzo, con lo que es menos probable que se forme pronto, e incluso podría no llegar a consolidarse nunca. Entonces, ¿qué tipo de hábitos debemos elegir para empezar? Pensémoslo bien, ¿qué hábito podríamos seguir haciendo a pesar de tener un mal día? Uno que fuera de mecánica tan fácil e intuitiva que no hiciera falta pensar mucho y pudiéramos hacer en automático, que no requiriese demasiada atención ni demasiado tiempo ni tampoco demasiada energía. Este sería el perfil de automatismo idóneo para comenzar a entrenarnos y ganar experiencia. ¿Qué hay de los hábitos difíciles, los descartamos por completo? Para formar un hábito de dificultad media o alta habrá que tener una motivación extra para vencer todas las resistencias, dedicarle mucho tiempo, atención y energía, y estar dispuestos a añadir un plus de tensión a nuestra vida diaria. Los profesionales que se concentran en desarrollar una habilidad de su talento potencial consiguen desarrollar hábitos complicados. Se puede hacer, pero a su debido tiempo.

La formación de hábitos

Necesitaremos conocer cómo y por qué se forman los hábitos y automatismos. El cerebro es, en esencia, un gran sistema sensorizado de
inteligencia natural que predice el futuro, pero no como un adivino
que lo augura por imposición de manos en su bola de cristal, sino
que se basa en hechos experimentados que guarda en la memoria y
también en información recogida simultáneamente a través los sentidos. Pero no solo eso; a diferencia del mago de feria, idea soluciones adelantándose a los problemas que por cálculo de probabilidades estima que surgirán pronto en ese futuro que prevé. En este
punto todos nosotros compartiremos que para pensar con claridad
necesitamos tener la mente despejada, máxime si se trata de decisiones importantes donde nos jugamos mucho. Pues bien, con la
creación de automatismos la mente descarga cantidad de datos
que no precisa tener sobre la mesa mientras trata de hallar distintas
fórmulas para resolver un problema que acaba de plantearse o es
inminente que suceda. De otro modo, manejar tanta información
nos abrumaría, lo que aumentaría las posibilidades de error. ¿Adónde van esos automatismos que constituyen los hábitos cuando se
descargan de la mente? A ningún sitio, siguen ahí, en la mente, pero
en la zona inconsciente, que viene a ser como la cara oculta de la
Luna, que nunca la vemos, aunque sabemos que existe. La mente
consciente tiene una capacidad muy estrecha, por eso tiene que liberar su carga cognitiva cuando se satura de información. La que
no es imprescindible de momento sale de la conciencia y entra en el
inconsciente, que no solo es más amplio, sino que puede operar a la
vez con más datos para pensar en soluciones y tomar decisiones,
que emergerán en la conciencia como intuiciones o corazonadas.

Imaginémonos por un momento intentando andar sin la capacidad para formar los automatismos que con el tiempo nos permitirán

desarrollar y perfeccionar esa habilidad de caminar con un hábito. Estaríamos obligados a pensar y decidir de modo consciente sobre cada uno de nuestros movimientos en el momento de llevarlos a cabo. A pesar de que sabemos cómo dar los pasos, cada día partiríamos casi de cero en su ejecución. En primer lugar, habría que tomar la decisión de sostenernos de pie, adelantar una de las dos piernas haciendo recaer todo el peso en ese lado para no perder el equilibrio mientras decidimos de nuevo levantar en vilo el pie contrario para avanzar en el siguiente paso. No llevamos ni veinte segundos andando despacito cuando aparece, de pronto, interponiéndose en nuestro camino, el primer obstáculo: un coche rojo de juguete que ha impulsado un niño. Se nos ocurre saltarlo, aunque para tomar una decisión mejor pediremos a los sentidos de la vista y el oído que nos suministren información sobre su tamaño, a qué distancia está del pie y si el coche se mueve, aunque no lo parezca. En el momento en que ya estamos procesándola para hallar el lugar exacto donde hay que adelantar el pie, tenemos que incorporar emocionalmente la advertencia del niño que nos avisa sobre el peligro que entraña el paso que vamos a dar, sin ponernos nerviosos. Con solo ocupar la mente en cómo sortear el pequeño coche rojo, ya está sobrecargada de datos. Por fin decidimos saltarlo, pero cometemos el error de no abrir la zancada lo suficiente. Pisamos el coche, resbalamos y nos caemos. ¡Se veía venir! Para nosotros andar se ha convertido en una auténtica odisea que se repetirá todas las veces que deseemos caminar mientras no desarrollemos un hábito y podamos andar en piloto automático.

Desde un punto de vista evolutivo, sin la formación de hábitos es probable que no llegáramos a ser funcionales ni adaptativos a la vida. Se afectarían las habilidades esenciales de andar, comer y hablar; además, las de cuidar bien de los hijos, la familia y la propia integridad física y mental. Por supuesto, también sería complicado escribir, conducir y el desarrollo de destrezas profesionales y de ocio. Pero el más demoledor de todos los efectos de no formar automatismos vendría de la incapacidad de aprender sobre lo ya aprendido cuando tratásemos de perfeccionar las habilidades potenciales del talento. Si no pudiéramos acumular ese conocimiento en forma de hábitos para enseñarlo a otros, o transmitirlo a la siguiente generación, se iría al traste la historia de cultura humana, desde la fabricación de las primeras herramientas hasta las más refinadas creaciones artísticas que hayan tenido lugar.

Imaginémonos ahora que conducimos un coche de color rojo, este sí de tamaño real, por una carretera comarcal que serpentea entre sierras. Nunca hemos estado por aquellos lugares, de modo que no conocemos bien las curvas. Nos dirigimos a un pueblo que queremos visitar por primera vez, cuyo nombre llevamos apuntado en la memoria. Como el desvío todavía está lejos según nuestros cálculos, vamos disfrutando del paisaje, dejándonos guiar en nuestro recorrido por las señales de circulación. Las respetamos sin darnos cuenta porque lo cierto es que somos diestros en la conducción y llevamos el coche prácticamente con los ojos cerrados. Estamos solos en la carretera cuando de pronto pisamos el freno como un acto reflejo. Tenemos la sensación de que nos hemos pasado un cartel indicador con el nombre del pueblo. ¿Cómo se llamaba? Hacemos memoria. Pues bien, justo en el momento en que detuvimos el coche, salimos del piloto automático del hábito de la conducción y comenzamos a trabajar en modo consciente porque ahora tenemos que analizar la situación y tomar decisiones. La primera es salir del coche y correr a leer el cartel. Efectivamente, es el pueblo. Volvemos al coche. La carretera es estrecha, por lo que decidimos dar marcha atrás. De repente, por una curva sin visibilidad aparece otro coche que se encuentra con nuestra maniobra sin esperarlo, pita y da un volantazo justo a tiempo para no colisionar. La salida instantánea al modo consciente del otro conductor acaba de salvarnos la vida. Los reflejos consisten en abandonar rápidamente los automatismos del hábito y pensar, porque si hubiera seguido una fracción de segundo más en piloto automático, probablemente no lo habríamos contado.

El cerebro forma hábitos por su necesidad inaplazable de disminuir el esfuerzo mental. Prefiere trabajar en piloto automático, que es mucho más económico, y salir de vez en cuando a la conciencia solo para procesar nueva información, pensar y tomar decisiones importantes. Desde la perspectiva del gasto energético, gobernado por el principio de la cantidad de esfuerzo mínima necesaria, sería un dispendio inasumible que la mente funcionara siempre en modo consciente. Además, la tensión nerviosa que nos provocaría estar pendientes de cada uno de los procesos mentales sin excepción resultaría del todo insoportable.

RESUMEN DEL CAPÍTULO

- Formar hábitos y desarrollar habilidades implicará hacer cambios en nuestro estilo de vida y en nuestra identidad, que van a requerir una mentalización adecuada, y dedicar todo el esfuerzo que sea necesario.

- La primera vez que nos sentimos capaces de romper la inercia mental para el cambio de hábitos es la mejor oportunidad para hacerlo, por el impulso de la motivación, y constituirá un gran error posponerla.

- Formar hábitos dependerá de hacer aquello que resulte más económico en términos de gasto de energía. Si el menor esfuerzo es continuar cambiando, lo lograremos, pero si el menor esfuerzo es desistir, lo dejaremos todo.

- Un hábito de mecánica tan fácil e intuitiva que no hiciera falta pensar mucho y pudiéramos hacerlo en automático, que no requiriese demasiada atención ni demasiado tiempo ni tampoco demasiada energía sería el perfil idóneo para comenzar.

- Sin la formación de hábitos es probable que no llegáramos a ser funcionales ni adaptativos a la vida. Tampoco tendríamos la capacidad de aprender sobre lo ya aprendido para perfeccionar las habilidades del talento.

- El cerebro forma hábitos por su necesidad de disminuir el esfuerzo mental. Trabaja en piloto automático, que es más económico, y pone atención solo para procesar nueva información, pensar y tomar decisiones importantes.

5. CÓMO FORMAR BUENOS HÁBITOS

En realidad, ¿a quién le importa formar buenos hábitos? Lo que nos gusta es conseguir sus resultados. Nadie dedicaría meses a hacer prácticas en una autoescuela si pudiera montarse libremente en un coche rojo y conducirlo al fin del mundo. Nadie quiere seguir un plan de alimentación para perder peso, sino estar delgado. Nadie desea hacer entrenamiento físico, sino estar en forma. Nadie pasaría años aprendiendo a leer bien si pudiera abrir *El Quijote* y entenderlo a la primera, ¿verdad? Entonces, pongámonoslo fácil. Con tantas fuerzas de tensión contrarias oponiendo resistencia, la inercia para no evidenciar la falta de coherencia personal, la aversión a la pérdida que nos hace temer el riesgo y el principio general del menor gasto de energía posible, tenemos que allanarnos el camino en lo que dependa de nuestras elecciones conscientes y reducir las tensiones al mínimo. Entendámonos bien, no llegaremos a decir «no me ha costado nada, no me he dado ni cuenta»; se trata de no abandonar, aunque nos quejemos de vez en cuando.

Después de decidir con qué hábito sencillo vamos a empezar, lo siguiente será adecuar el escenario de nuestra vida para encajar mejor la formación de ese hábito. Tenemos que buscarle un sitio en la agenda mental, pero no de una manera forzada e impuesta, sino orgánica y fluida. Simplificará nuestra tarea que el hábito se lleve bien con el resto de nuestras rutinas diarias, se conecte y se entienda bien con ellas. Si vamos a comenzar un plan de ejercicio de resistencia con pilates y elegimos un centro deportivo que esté cerca de casa, al que podamos asistir cómodamente después del trabajo, en el que el profesor nos transmita confianza, en el que nos sintamos bien haciendo los ejercicios sin mirar el reloj; un programa de ejercicios con el que no nos levantemos doloridos al día siguiente y que nos haga sentir que estamos ganando resistencia muscular y mejorando la postura corporal; todo esto ayuda, cómo no, a la adherencia al hábito. En definitiva, el sistema de la dopamina cerebral actuará aportándonos motivación para seguir porque encontramos recompensas inmediatas, lo que facilitará que no nos perdamos ni una sola clase de pilates.

Conflictos en la formación del hábito

Será muy importante identificar los puntos de conflicto para la formación del hábito en el escenario de nuestra vida para corregirlos cuanto antes con el fin de que no nos resten tiempo, esfuerzo y atención. Estos puntos de conflicto se localizan en nuestra casa, en los ambientes de trabajo, en los lugares de estudio, en los sitios de ocio o en cualquier otro ámbito de las relaciones sociales. Si estamos siguiendo un plan para adelgazar y tenemos en la nevera comida ultraprocesada, habremos hallado un punto de conflicto. Si salimos a comer fuera para celebrar nuestro cumpleaños, este será un punto de conflicto añadido. Si nos da pereza preparar la comida del plan para llevárnosla al trabajo, otro punto de conflicto más. Si nos da vergüenza que se enteren los compañeros de universidad de que seguimos un plan y dudamos si comer con ellos un menú de comida rápida, será un punto de conflicto que deberemos resolver rápido para seguir adelante con nuestro hábito.

Cuando hayamos cambiado los puntos de conflicto del escenario donde se desarrolla nuestra vida, tendremos que fijarnos en los protagonistas. Mirar dentro de nosotros y modificar los aspectos conflictivos de la propia identidad que nos están impidiendo formar buenos hábitos. En ocasiones, algunos de los puntos de conflicto personales quedan en evidencia a la hora de empezar o abandonar un hábito. Nos decimos «como mañana empiezo una dieta, hoy voy a comer a capricho para darme un homenaje». «Como mañana dejo de beber, hoy apuro tomando copas hasta que me caiga de la silla». «Como voy a dejar de fumar, me fumaré esta semana dos cartones de tabaco de mi marca preferida para celebrarlo». ¿Celebrar qué? Estas maniobras de distracción no suelen funcionar porque suponen un refuerzo del aspecto de nuestra identidad que queremos abandonar. Seamos claros; en estos casos, el mensaje que nos estamos enviando es que nos consideramos comedores, bebedores y fumadores, unos rasgos que forman parte de nuestra identidad profunda. De esta manera, aunque empecemos el nuevo hábito muy motivados, lo más probable es que abandonemos pronto y volvamos a practicar el anterior con mayor fruición. Es lo que llamamos «efecto rebote», una especie de síndrome de abstinencia por aversión a la pérdida que nos incita a reconciliarnos con la verdad de nuestra identidad. Cuando esto ocurra nos sentiremos defraudados y molestos. ¡Soy un desastre! No es verdad, no somos un desastre, solo que no sabemos cómo hacerlo.

Debemos tener en cuenta que, si tratamos de formar un hábito que va en contra de lo que somos y sentimos, fracasaremos estrepitosamente una y otra vez. La inmensa mayoría de nosotros lleva a cabo sus procesos de formación de hábitos pensando, de una manera lógica e intuitiva, que a más esfuerzo, mejor resultado. Queremos adelgazar, comer mejor, hacer deporte con frecuencia, aprender otro idioma, beber menos alcohol, estudiar con método, gestionar mejor el estrés, sin considerar nada más. Creemos que si nos esforzamos mucho alcanzaremos rápido el resultado final. Pero resulta que esta manera de hacerlo es empezar la casa por el tejado y tirar el esfuerzo por la ventana, porque para adquirir un nuevo hábito hay que estar dispuesto, antes de nada, a cambiar nuestra manera de ser, que nos lleva en la otra dirección.

Asistimos perplejos a ver gente que logra con facilidad mantener su peso, no fumar, hacer ejercicio, controlar el estrés y estudiar con excelente rendimiento, sin presión, empleando poco tiempo y esfuerzo, mientras a nosotros nos cuesta muchísimo lograr algo parecido. La diferencia es que han interiorizado estos hábitos y se los creen, y nosotros no. Se autodefinen como personas a las que les gusta estudiar y no como alguien que tiene la obligación de estudiar. Se consideran activas y no que tienen que hacer ejercicio. Se creen que están relajadas y no que deben relajarse. Este matiz lo es todo cuando nos referimos a la identidad.

El cambio de identidad

La identidad define qué y quiénes somos y está constituida por nuestras creencias, valores, experiencias, ideas y sentimientos, y moldeará la formación de nuestros hábitos. Tanto es así que un nuevo hábito puede integrarse con tal fuerza en nuestra forma de ser que se convierta en una necesidad prioritaria que debemos satisfacer. Cuanto mayor sea el grado de autoestima que nos proporciona adquirir un hábito, más se reforzará ese rasgo de nuestra identidad. Si deseábamos ser más ordenados y por fin lo logramos, nos definiremos ahora como esa clase de persona que es ordenada. Con esta nueva consideración será más fácil que incorporemos nuevos hábitos que impliquen orden. Por tanto, formar hábitos basados en un cambio de identidad es más eficaz que buscar afanosamente un resultado puntual. Por esta vía los resultados terminarán llegando, pero para afianzarse.

Un cambio de identidad conlleva siempre cambios de conducta que somos capaces de reconocer. Cuando decimos «yo antes no era así» es porque identificamos con claridad las conductas que son consecuencia de los nuevos hábitos, tanto si son de signo positivo —«ahora soy muy madrugadora, pero antes llegaba tarde al trabajo»— como negativo —«suelo comer demasiado, pero yo antes era muy delgado»—. Esta toma de conciencia sobre lo que éramos y somos ahora facilitará que nuestra identidad sea flexible y formemos mejor los nuevos hábitos. Sin embargo, lo más frecuente es que nos neguemos a reconocer los cambios en nuestra conducta, y argumentemos orgullosos «yo siempre he sido así y no voy a cambiar», mostrando serias dificultades para adquirir buenos hábitos y abandonar los malos que nos caracterizan. ¿Por qué nos ocurre esto tan a menudo? Sencillamente, porque en general nos es más fácil repetir los malos hábitos que formar y mantener los buenos.

Sin embargo, una tensión causada por un mal hábito que no nos gusta y nos daña, suele ser el detonante de un cambio de identidad. Poco a poco va creciendo en nosotros la idea de una metamorfosis, se genera el deseo y actuamos en consecuencia.

Nos cargamos de emociones negativas cuando nos pesa una conducta y decidimos, en un arranque de genio, cambiar al día siguiente. Suponen un buen punto de partida para la motivación, pero se diluyen pronto en el tiempo. Al igual que las emociones positivas que nos ilusionan, suelen ser cíclicas y fugaces, y hay que saber aprovechar su ola.

Cada acción cuenta para el refuerzo del cambio de identidad. Si seguimos un plan de alimentación incluso a la hora de comer en el trabajo, que es donde nos cuesta, no solo estamos mejorando nuestra dieta y adelgazando, sino convirtiéndonos cada día que pasa en alguien más fiable, que no defrauda. Con cada acción en este sentido, por pequeña que sea, nos acercamos más a la esencia de quienes en realidad queremos ser. Pero no nos engañemos, el gran enemigo de la continuidad de la cadena de acciones no es la falta de voluntad ni el estrés ni la falta de tiempo, es la autoexigencia desmedida. Pensamos con gran desacierto: «Para no hacerlo bien, no lo hago. Ni lo intento». Cuando llega un día propicio para saltarnos el plan y no intentamos cumplirlo siquiera en parte, estamos defraudándonos a nuestros ojos, porque nos convertimos en alguien que deserta al primer inconveniente sin luchar. Acabamos de abrir un punto de conflicto en el cambio de identidad. Realizar cualquier acción encaminada a no romper la cadena de aciertos es ganar.

Las autodefiniciones positivas para reafirmarse vinculan la autoimagen y la autovaloración con la nueva identidad. Nos definiremos como personas más estables, más cumplidoras, más comprometidas con la salud, con el ejercicio físico, con el control del estrés, con los estudios, con cualesquiera que sean nuestras aspiraciones más profundas, y esto realzará nuestro autocuidado, autoconocimiento, autoestima y autoconfianza, tanto que se reforzará nuestra tendencia a desarrollar conductas conscientes e inconscientes que respondan a la nueva definición de lo que somos. Se ha demostrado que definirnos como deportistas nos lleva a repetir la acción de hacer deporte más veces que si solo señalamos que nos gusta hacer ejercicio físico. Si nos definimos como no fumadores, seremos menos proclives a fumar que si solo decimos que no nos gusta el tabaco. Si nos definimos como delgados comeremos menos que si manifestamos que no queremos engordar. El español prima las autodefiniciones de la identidad distinguiendo entre los verbos «ser» y «estar». Entenderemos a la perfección que, si declaramos que somos tranquilos, nuestra manera de ser nos inducirá a estar calmados en más ocasiones que si solo apuntamos que estamos tranquilos. En la expresión de nuestras definiciones importan la rotundidad con que lo hagamos y las palabras que empleemos para dotarlas de más verdad y mayor efecto. La manera de reafirmar nuestra identidad es creerse ese nuevo aspecto que la constituye y por el que nos definimos. Esta creencia permitirá que actuemos en consonancia con ella a partir de ahora y que seamos capaces de cambiar otros rasgos de nuestra manera de ser que están relacionados.

Una identidad fuerte, estable, pero también flexible y en constante evolución es fundamental para formar los hábitos que desarrollarán las habilidades de nuestro talento potencial inscrito en los programas innatos. Para que tenga la consistencia necesaria se requiere sentido de la responsabilidad para asumir los aciertos y los errores, y capacidad de compromiso. Estaremos comprometidos si hacemos todo cuanto depende de nosotros por algo o por alguien y asumimos el riesgo de que, a pesar de todo, podemos no alcanzar nuestro propósito. El compromiso significa esfuerzo y generosidad a fondo perdido. Si nos faltan estas dos características, difuminaremos nuestra identidad. Nos autodefiniremos de manera imprecisa y dubitativa sobre lo que somos y lo que queremos. Tampoco tendremos claro qué no somos y qué no queremos. Seremos más vulnerables a desarrollar hábitos negativos y conductas de riesgo como juego, compras compulsivas, redes sociales, sexo, comida, alcohol, tabaco y drogas, recompensados todos con una satisfacción adictiva por el sistema de la dopamina.

Cuando la identidad es difusa y poco específica, debemos remontarnos a la época en que empezamos a formarla para diferenciarnos de nuestros padres y las demás personas de nuestro entorno. ¿Fuimos opositores o acomodaticios? Recordemos: ¿lo hicimos elaborando opiniones propias o asimilando las de otros?, ¿rebatiéndolas incansablemente cuando creíamos que llevábamos razón o claudicando pronto a pesar de creer que estábamos en lo cierto? Nuestra postura de entonces marcó nuestra forma de ser en adelante, pero es algo que también se puede cambiar si no nos beneficia. Sin embargo, tenemos que ser conscientes del problema y querer abordarlo. Muchas personas viven un entumecimiento mental con respecto a su identidad y siguen de modo acrítico directrices sociales estereotipadas que se supone que están asociadas a ellas. La clase política, la publicidad comercial y los bancos manejan muy bien la asignación de identidades según sus intereses. Un ejemplo ilustrativo de esta manipulación, a la que deberemos estar muy atentos si queremos formar buenos hábitos, es que un banco, según el fin que pretenda en cada momento, nos asignará una identidad distinta, seremos para ellos ahorradores, inversores, usuarios de servicios bancarios, tomadores de seguros, tarjetahabientes o clientes *premium* orientando nuestra conducta hacia la unidad de negocio donde resultemos más rentables.

RESUMEN DEL CAPÍTULO

- Después de elegir un hábito sencillo tendremos que buscarle un sitio en la agenda mental para que encaje con el resto de nuestras rutinas diarias de una manera natural y fluida.

- Será muy importante identificar los puntos de conflicto para la formación del hábito en los espacios donde desarrollamos nuestra vida, para corregirlos cuanto antes con el fin de que no nos resten tiempo, esfuerzo y atención.

- Para formar un hábito tendremos que modificar aspectos de la propia identidad de manera que no vaya en contra de la naturaleza de lo que somos y sentimos, y, una vez formados, también definirán quiénes somos.

- La manera de reafirmar nuestra identidad es creer en ese nuevo hábito. Esta creencia permitirá que actuemos en consonancia con ella a partir de ahora y que seamos capaces de cambiar otros rasgos de la identidad que están relacionados.

- La tensión causada por un mal hábito que no nos gusta y nos daña, o por un consejo profesional para reconducir nuestra vida, creará la motivación suficiente para un cambio de hábitos.

6. LAS CLAVES DEL CAMBIO DE HÁBITOS

La formación del hábito tiene cinco fases: aliciente, deseo, conducta, refuerzo y recompensa. En la primera fase identificaremos un aspecto positivo en el hábito, el aliciente, que nos atraerá y nos servirá de estímulo para movernos a la acción de llevarlo a cabo. Los incentivos del aliciente serán distintos para cada uno de nosotros. Algunos encontrarán apasionante el hábito de coleccionar objetos de distinta naturaleza y para otros no tendrá ningún sentido. El aliciente es la información que en el entorno que nos rodea nos invita a prever que detrás de una conducta habrá una recompensa. Cuando estamos en carretera y tenemos sed, nada más ver el aliciente del indicador de área de servicio nuestra conducta es tomar el siguiente desvío porque sabemos que habrá allí agua disponible. Como en realidad nuestro cerebro es todo el tiempo un incansable buscador de recompensas, estamos acostumbrados a reconocer los alicientes cuando se trata de comida, dinero, amor, sexo, fama, tranquilidad, poder, amistad y alegría. En la formación de hábitos, el aliciente más potente es la promesa implícita de la metamorfosis, la idea de transformarnos y renacer en una persona nueva. Nos seduce enormemente la aspiración de crecer personalmente mediante el desarrollo de alguna habilidad de nuestro talento potencial que nos conduzca a ser mejores, con lo que ganamos de paso una cualidad de éxito para hacernos la vida más confortable. Si un mal hábito nos está causando dolor, malestar, sufrimiento, tristeza, ira, ansiedad o miedo, supone una amenaza de daño con el tiempo y disponemos de buena información para comprender las razones de dejarlo; todo ello, por acumulación, se convertirá en el aliciente.

El deseo será el segundo paso de la formación de hábitos, que viene a completar, junto al aliciente, el primer impulso de la motivación proporcionado por la dopamina. Cuando el cerebro recibe la señal del aliciente genera la fuerza interna del deseo para obtener la recompensa prometida. La tensión creciente del deseo provocará en nosotros la sensación de que nos falta algo para estar completos y que no volveremos al equilibrio hasta que consigamos satisfacerlo. El deseo no busca formar o abandonar un hábito *per se*, sino que pretende el resultado final satisfactorio. Deseamos comer menos para perder peso, pero no por formar el hábito en sí de comer con moderación. De hecho, nos molestará en cierto modo someternos a los pasos intermedios de comprar menos alimentos, que sean poco calóricos, cocinarlos sin grasa extra, medir las raciones que ingerimos y comerlas despacio. Lo que queremos es completar nuestro deseo cuanto antes. Lo que nos agradará será comprobar en el futuro que pesamos menos en la báscula, que bajamos de talla de pantalón y que nos movemos con mayor agilidad. Aunque lo que de verdad nos gustará será escuchar a alguien decir que nos ve de maravilla, que hemos dado un cambio asombroso, que en realidad parecemos otra persona. La anticipación del placer de la metamorfosis, que nos hace sentir una persona nueva, es el combustible del motor del deseo.

Entramos en la tercera fase de la formación de hábitos con la conducta que emprenderemos para aliviar la tensión del deseo, que no solo consistirá en una secuencia de acción, sino que podría ser también una secuencia de pensamiento. Podemos desarrollar el hábito mental de preocuparnos, de obsesionarnos, de angustiarnos, pero también de sobreponernos, de superarnos y de mejorar la capacidad de asociación de ideas para reaccionar con mayor celeridad y eficacia a los problemas. Incluso nuestra conducta puede encaminarse a formar hábitos mentales para mejorar, a su vez, la formación de hábitos, como sería la capacidad de detectar nuevos alicientes de recompensa que antes no percibíamos como tales.

Que la acción para formar un hábito tenga lugar por primera vez, siempre que no nos resulte físicamente imposible y dispongamos de suficiente habilidad para materializarla, dependerá de la clase y la intensidad del aliciente, de cuánto deseemos conseguir la recompensa que promete y de vencer las fuerzas de resistencia que se oponen. Que esa conducta se repita estará condicionado a que seamos capaces de mantener la motivación y hayamos aprendido a automatizarla. Es evidente que si una conducta conlleva un esfuerzo mayor del que podemos dedicarle, no se dará. Nuestra identidad decidirá si merece la pena que empleemos un gran esfuerzo en llevarla a cabo, en virtud de la importancia y prioridad que le otorgue.

Deberemos proporcionar un refuerzo a la motivación cuando exista peligro de que decaiga si queremos mantener la conducta el tiempo suficiente para conseguir el objetivo final del hábito. El riesgo será mayor cuanto más largo sea el periodo de ejecución. No es comparable el tiempo que emplearemos en completar un hábito para adelgazar veinte kilos que en consultar el móvil, cuyo tiempo de acción es lo que se tarda en apretar un botón. Esta cuarta fase de refuerzo es la menos atendida y quizá la más importante, porque es donde se suele fracasar en la formación de hábitos. Cuando deseamos leer nuestro correo electrónico en el móvil tenemos tres compases de espera hasta ser recompensados. Tecla de encendido, icono de aplicación del correo que nos lleva a la bandeja de entrada y clic de acceso al texto para leerlo. Solo transcurren unos segundos para que completemos todas las fases del hábito: aliciente del sonido de notificación de nuevo correo entrante, deseo de saber de quién es y leerlo, conducta de coger el teléfono y llegar en tres clics a la recompensa instantánea. ¿Y el refuerzo? Sencillamente, no será necesario. Sin embargo, la mayoría de las acciones de los hábitos habrá que reforzarlas, nos conduzcan a una recompensa inmediata o diferida. Salir a pasear nos produce una recompensa inmediata de expansión y desahogo, y, aunque implica cierto esfuerzo, podemos reforzar la conducta diciéndonos que se trata de una necesidad. Comer comida sana nos recompensará de modo diferido, pero reforzaremos la conducta apelando a la identidad y autodefiniéndonos como personas saludables que toman esa clase de alimentos.

En definitiva, si desde el momento del aliciente una recompensa es instantánea, no necesitará refuerzo de la conducta; una recompensa inmediata que se obtiene en minutos u horas tendrá que reforzarse salvo que se trate de una necesidad básica perentoria, y una necesidad diferida siempre tendrá que reforzarse. El problema principal es que los refuerzos suelen consistir, en la mayoría de los casos, en el miedo al castigo si no lo hacemos. Madrugamos cada mañana temiendo el castigo por llegar tarde al trabajo. Este será el refuerzo de la recompensa diferida de cobrar a final de mes. Tenemos que acostumbrarnos a buscar refuerzos en positivo para nuestras recompensas, aunque eso implique formar un nuevo hábito más pequeño, porque así seremos un poco más felices.

La recompensa es el objetivo final de cada hábito que aliviará la tensión generada por el deseo y satisfará el deseo en sí. Además, aprenderemos las conductas que será conveniente recordar para repetir el logro. Si al final las expectativas que prometía el aliciente se ven defraudadas y no obtenemos satisfacción alguna actuando de esa manera, lo grabaremos bien en la memoria para no incurrir de nuevo en el error. Sin la recompensa como acicate, una conducta no va a volver a repetirse voluntariamente porque los picos de dopamina decaerán. Sin las fases de aliciente y deseo, una conducta no tendría lugar porque no se activaría la motivación necesaria con el incremento de los picos de dopamina en las neuronas. Los hábitos se pueden mantener de forma permanente porque la propia satisfacción que producen actuará de aliciente para detonar un nuevo ciclo sin fin hasta que decidamos que hay que cambiarlo. Este proceso se optimiza y automatiza con la práctica, y quedará bajo la total dirección de la mente inconsciente, salvo que tengamos que tomar nuevas decisiones sobre él o modificarlo en algún aspecto, en el que entonces volverá temporalmente a ser gobernado por la conciencia.

En la actualidad estamos inmersos en una nueva revolución de las recompensas gracias al desarrollo increíblemente acelerado de la tecnología, que comenzó a despuntar hacia la segunda mitad del siglo XX y que ha facilitado que la recompensa instantánea sea moneda común en la formación de hábitos, que convive a la vez con la recompensa inmediata de las necesidades básicas y también con la recompensa diferida introducida en nuestra mentalidad a partir de la agricultura. El principio general que gobierna las recompensas es que a mayor instantaneidad en su consecución, menor esfuerzo y necesidad de refuerzo de la conducta. Para recompensar el hábito de encender la luz cuando apretamos un interruptor o de utilizar el móvil para comunicarnos haciendo clic las veces que haga falta, no es preciso emplear mucho esfuerzo ni mucho refuerzo. Esto puede hacer que vayamos perdiendo perspectiva y no le encontremos demasiado sentido no ya a trabajar con duro sacrificio, sino a esforzarnos un poco y tener paciencia por conseguir otro tipo de recompensas que no sean las instantáneas que proporciona la tecnología al intentar satisfacernos casi a la velocidad de la luz. Nos encontramos en una encrucijada donde las recompensas instantáneas ganan terreno no solo en la comunicación a través de internet y las redes sociales, sino en la ejecución del trabajo, en el ocio, en la educación, en las compras, en la inversión y el ahorro, porque nos resultan más fáciles y con menos refuerzo. Estamos cambiando la recompensa inmediata de la necesidad básica de alimentarnos por las instantáneas de la cocina rápida y la comida rápida, con las consecuencias de sobrealimentación y malnutrición que acarrean. Se está abriendo la brecha con respecto a los hábitos que proporcionan recompensas inmediatas y aplazadas porque en lugar de utilizar nuestra imaginación en buscar refuerzos positivos, recurrimos con frecuencia a argumentos de miedo y al temor al castigo para reforzarlas, lo cual acabará produciendo un deterioro de la salud emocional. Cuanto más nos habituemos a las recompensas instantáneas, más se contagiará nuestro pensamiento con esa mentalidad de que con un clic resolveremos todos nuestros problemas.

RESUMEN DEL CAPÍTULO

- En la formación de hábitos el atractivo más potente es la promesa implícita de una metamorfosis, la idea de transformarnos y renacer en una persona nueva gracias a alguna habilidad de nuestro talento.

- Los hábitos se forman siguiendo un esquema paralelo al sistema de la dopamina. El proceso de formar un hábito tiene cinco fases: aliciente, deseo, conducta, refuerzo y recompensa.

- El aliciente es la información que encontramos en el entorno que nos rodea que nos invita a prever que después de llevar a cabo una conducta habrá una recompensa.

- Cuando el cerebro recibe la señal del aliciente genera la fuerza interna del deseo para obtener la recompensa prometida. Viene a completar, junto al aliciente, el primer impulso de la motivación proporcionado por la dopamina.

- La conducta que emprenderemos para aliviar la tensión del deseo no solo consistirá en una secuencia de acción, sino que podría ser también una secuencia de pensamiento.

- Deberemos proporcionar un refuerzo a la motivación, cuando exista peligro de que decaiga, si queremos mantener la conducta el tiempo suficiente para formar el hábito y conseguir el resultado final.

- La recompensa es el objetivo de cada hábito, que aliviará la tensión generada por el deseo y satisfará el deseo en sí. Además, aprenderemos las conductas que será conveniente recordar para repetir el logro.

7. EL DOMINIO DE LOS HÁBITOS Y HABILIDADES

Un hábito formado y consolidado que desarrolla una habilidad es un sistema dinámico, que, si se convierte en absolutamente rutinario y de tanto en cuando no se enfrenta a nuevos retos para mejorar su eficacia, entrará en una fase de fatiga que nos llevará al aburrimiento. Esas novedades deberán tener un grado de dificultad razonable y ser asimilables, sin que se parezcan tanto a lo anterior que nos aburran, ni sean tan desconocidas que nos produzcan ansiedad e incertidumbre. Lo cierto es que, sin aportarles un poco de refresco, los hábitos se hacen aburridos e impiden el crecimiento personal.

Los hábitos y el aburrimiento

El aburrimiento de hacer todos los días lo mismo suele ser el problema más frecuente en la formación de hábitos, porque nos desconcentra y nos saca de la consecución de nuestro objetivo. En general, tenemos la percepción errónea de que a la mayoría le cuesta menos que a nosotros formar hábitos. Pensamos que la gente exitosa a la hora de adquirir sus hábitos es especial porque tiene la suerte de no aburrirse y le es más fácil hacerlo. Nada de eso, no dejemos que flaquee nuestra autoconfianza, porque lo cierto es que casi todo el mundo sufre aburrimiento alguna vez en la práctica de un hábito. No dejemos que nos invada el hastío y preparémonos para aprender a manejarlo.

Si nos proponemos ser diestros en una habilidad, cuanto más nos habituemos a practicarla más previsible se volverá nuestro ritmo de progreso. Entonces nos plantearemos introducir algunas novedades. Cambiamos los entrenamientos, los componentes de la dieta, la velocidad de la conducción, los horarios de comida, el método de estudio, el plan de ahorro o cualquier otra cosa que lo haga más llevadero. Estos cambios funcionarán durante algún tiempo, pero llegaremos de nuevo a una situación donde practicar nuestro hábito se convertirá en menos atractivo y más aburrido, y correremos el riesgo de desviarnos del objetivo. Esta es la razón de que muchas personas se aburran de hacer dieta y salten de un plan a otro sin poder llevar ninguno a término, aunque es probable que con cualquiera de ellos pudiera adelgazar.

Cuando estamos en este punto del proceso ya habremos aprendido que hay días mejores y peores, que a veces nos vendremos abajo y tendremos ganas de abandonar. Si queremos salir de ahí, habrá que apelar a nuestra identidad para sacar la fuerza necesaria para continuar. Deberemos autodefinirnos sobre si somos la clase de personas que desisten ante las dificultades o resisten a pesar de ellas, preguntarnos si nos consideramos adultos con la madurez suficiente para saber lo que quieren de verdad o somos tan poco fiables que no sabemos estar a las duras y a las maduras.

El mecanismo de formación de un hábito es similar al de levantar cualquier proyecto que nos propongamos en la vida: tiene que funcionar por sí mismo y crear a la vez un circuito de realimentación. Los hábitos complejos se pueden descomponer en hábitos simples, que son los automatismos. Cuando aprendemos la habilidad de conducir un coche, en realidad hemos formado un conjunto de hábitos, unos centrados en conducir el vehículo y otros en conocer las normas de circulación. Para todos nosotros conducir con pericia implica llevar bien el coche sin saltarse las señales de la vía por donde circulamos. La destreza en hábitos simples o automatismos, como la acción inconsciente de mirar siempre por los espejos retrovisores an-

tes de hacer una maniobra, marcará nuestra progresión como conductores.

La necesidad de novedad

El cerebro prima por defecto que haya novedad en los hábitos para
que nos esforcemos en variarlos, porque, de lo contrario, cada vez
los ejecutaríamos peor y con más fallos. Precisamente el aburrimiento es el acicate mental que se genera para que busquemos ese
refresco. Por otra parte, surge una fuerza contraria a la búsqueda
de la novedad, que consiste en que, una vez formado el hábito, el
cerebro no querrá volver a pensar sobre él para no gastar más
energía en algo que ya ha aprendido y no sobrecargar la mente
consciente. Esto supondrá un problema cuando queramos reflexionar sobre el hábito para mejorarlo.

Construcción en niveles superpuestos

Los hábitos, como los proyectos, se construyen por superposición de
niveles. El primer nivel se da cuando memorizamos la información
de cómo llevar a cabo las conductas básicas. Luego pasaremos al
siguiente, en el que aprenderemos a realizarlas de un modo automático. Después nos centraremos en cómo aprender las conductas
finas del nivel avanzado e iremos incorporándolas poco a poco hasta que las dominemos en piloto automático. Para alcanzar la destreza en ese proceso de pasar pantallas de nivel hace falta llegar a
una fórmula equilibrada entre la combinación de automatismos y la
realización consciente de volver a pensar para hacer una actualización, buscar alternativas novedosas y, de paso, no aburrirnos. Por

tanto, una vez que se alcanza cierto dominio de un hábito, se debe volver a revisar, volver a la parte que significa esfuerzo y pasar a la siguiente pantalla de nivel.

Sin embargo, cuando el hábito se domina, se suele producir un exceso de confianza y viene una fase donde es más fácil que se produzcan errores, porque si actuamos en piloto automático y el hábito funciona medianamente bien, no contemplaremos mejorarlo. Esto será así si no es imprescindible corregirlo; aunque a veces cometemos un error de cálculo no queriendo revisar la respiración, la postura corporal, las rutinas de higiene o pensar de un modo más eficaz. Tenemos errores y vicios que arrastramos desde cuando aprendimos los fundamentos del hábito y nos sorprendemos diciendo: esto lo he hecho así toda la vida y pensaba que lo estaba haciendo bien. Pues bien: si hubiéramos vuelto a pensarlo, lo habríamos corregido.

En definitiva, la destreza en una habilidad se consigue introduciendo pequeñas variaciones para avanzar en su refinamiento. Pero requiere no solo talento, sino esfuerzo, por lo menos tanto de lo uno como de lo otro. Siempre emplearemos la misma cantidad de energía, pero en un nivel diferente de pantalla, y la tarea cada vez es más sencilla porque el hábito no se modifica en su totalidad, no se parte de cero en la formación de los automatismos. El sistema de pantallas de nivel va dando lugar a nuevas pantallas sustentadas en las que las preceden. A veces hay que volver a la pantalla anterior para revisar un proceso que no funciona del todo bien y luego pasar a la siguiente.

La pantalla de revisión sirve para reflexionar, para no recurrir al autoengaño sobre nuestra progresión en el hábito, para no llegar a la autocomplacencia y autoindulgencia de los errores. En caso contrario, inventaremos excusas para emplear poco esfuerzo, racionalizar el fracaso o justificarlo con creencias irracionales. Estas pantallas de reflexión pueden tomarnos un tiempo y son periodos durante los que afinaremos los avances de la habilidad. Son tan importantes porque previenen la desviación que por lo general experimentan todos los procesos dinámicos de la mente cuando no ponemos atención consciente.

RESUMEN DEL CAPÍTULO

- El aburrimiento de hacer todos los días lo mismo suele ser el problema más frecuente en la formación de hábitos, porque nos desconcentra y nos saca de la consecución de nuestro objetivo.

- Para ser diestros en una habilidad, cuanto más la practiquemos, más previsible se volverá nuestro ritmo de progreso. El aburrimiento se genera para que busquemos novedades para mejorar los avances.

- Esas conductas novedosas deberán tener un grado de dificultad razonable, sin que se parezcan tanto a las anteriores que nos aburran ni sean tan desconocidas que nos produzcan ansiedad e incertidumbre.

- El mecanismo de formación de un hábito es similar al de levantar cualquier proyecto que nos propongamos en la vida: tiene que funcionar por sí mismo y crear a la vez un circuito de realimentación.

- Los hábitos se aprenden y se consolidan en un proceso de pantallas de nivel con una fórmula combinada de automatismos, novedades, volver a pensar para hacer una actualización y no aburrirnos.

- La pantalla de revisión funciona cuando nos decimos la verdad. Sirve para reflexionar, para no recurrir al autoengaño sobre nuestra progresión en el hábito, para no llegar a la autocomplacencia y autoindulgencia de los errores.

8. LA ANOTACIÓN Y EL SEGUIMIENTO DE LOS HÁBITOS

Al principio de este libro hemos hablado de los beneficios de decir la verdad sobre nuestros traumas a través de la escritura expresiva. Pues bien, cuando escribimos con verdad sobre nuestros progresos en el desarrollo de las habilidades, tenemos razones para creer que estimulamos de alguna forma el sistema inmune generando una sensación de bienestar que nos motiva a mantenernos en nuestra conducta. Percibir los avances siempre es satisfactorio en cualquier aprendizaje. La formación de hábitos necesita la visualización del progreso porque va a constituir el refuerzo de la conducta antes de la recompensa final.

Seguimiento de la habilidad

A la hora de anotar nuestros avances y escribir sobre ellos expresando la verdad será de gran utilidad empezar un diario de seguimiento de la habilidad que queramos desarrollar. Cuando llegue el día y hayamos llevado a cabo de manera efectiva las acciones previstas, las registraremos en cuanto sucedan haciendo un repaso de lo que serán sus automatismos; esto nos permitirá comprobar si las hemos completado de un modo satisfactorio. En el caso de que estemos siguiendo una dieta para mejorar nuestra alimentación, tendremos en cuenta si los menús se han ajustado con fidelidad a la comida sana que marca el plan, los métodos de cocinado y las cantidades de grasas empleadas, las raciones consumidas y si hemos picado entre horas. Esta será la manera de saber si hemos llevado a cabo de modo correcto todas las acciones que correspondían a esa jornada o tal vez nos hemos dejado algunas por hacer. Al cuantificarlas podremos anotar si son más correctas que el día anterior, si hemos progresado y qué representan esos avances en el global de la semana y en el conjunto del mes. Así obtendremos un patrón para ir revisándolo cada cierto tiempo, incluso creando una proyección en cifras o gráficos. Además de registrar los datos diarios, será imprescindible expresar en el diario de seguimiento nuestras sensaciones sobre ese progreso; si se está produciendo cada vez con menos resistencia y dificultad para realizar las distintas acciones del hábito. También es muy importante que escribamos nuestra opinión sincera acerca de si vamos notando la utilidad del proceso de mejora de la habilidad de que se trate, y si mantenemos nuestras expectativas sobre el resultado final que alcanzaremos.

El diario de seguimiento va a funcionar como un aliciente visual para incrementar nuestro deseo de cambiar. Haremos consciente cómo somos desarrollando habilidades, hasta qué punto nos esforzamos y por qué queremos adquirir ese hábito en concreto. Anotar las acciones reales nos ayudará a reconocer cuál ha sido nuestro comportamiento de verdad a la hora de actuar. Cuando las dejamos sin anclar a un soporte físico damos tiempo a que surjan los procesos de autoengaño para elaborar creencias que nos sean más favorables en ese sentido. Recordaremos que las porciones del plan de alimentación eran más pequeñas de lo que fueron en realidad. Nos convenceremos de que salimos a caminar más veces e hicimos un recorrido más largo de lo que fue. Manifestaremos que fumamos y bebemos menos de lo que demostrarían los hechos. Pensaremos que hemos dedicado al hábito más tiempo y esfuerzo del que en realidad ha sido. Cuando medimos y acotamos el progreso rápidamente es menos probable que nos autoengañemos.

Para saber qué aspectos tenemos que anotar sobre un hábito en nuestro diario con el fin de que nos proporcionen una imagen calibrada de los avances que hacemos, parece intuitivo consignar los datos y cifras que se puedan medir. El tiempo de recorrido al caminar, el peso que levantamos y el número de repeticiones en un entrenamiento de fuerza, las veces al día que comemos y picoteamos en una mejora de la alimentación, el peso en la báscula cuando llevamos un plan para adelgazar. Sin embargo, corremos el riesgo de centrarnos en mejorar esas marcas por el procedimiento que sea más rápido solo para rebajar las cifras. Hacer nuestro recorrido en menos tiempo, aunque no disfrutemos del paseo; coger más peso y hacer más repeticiones a riesgo de lesionarnos; comer menos veces hasta casi el ayuno; empeñarnos a toda costa en reducir la cantidad marcada en la báscula usando laxantes y diuréticos. Pero, en este caso, si nos obcecamos con las marcas y no conseguimos batirlas, será contraproducente, pues la motivación decaerá. Para medir el progreso funcionan mejor otros índices, como recuperar la agilidad y la reducción de talla de ropa en el caso del sobrepeso; no pasar hambre a lo largo del día cuando se intenta mejorar la alimentación; trabajar movimientos pequeños que no nos provoquen dolor cuando entrenamos para ganar fuerza, y caminar o correr a nuestro ritmo para distraernos y relajarnos a la hora de hacer ejercicio físico al aire libre.

Dominar la habilidad refuerza la conducta

Revisar el diario de seguimiento recargará nuestra motivación cuando nos sintamos sin fuerza para continuar, porque habla de nuestros triunfos. Nos aparta de la idea de abandonar porque genera en nosotros el sentimiento positivo de no querer romper algo bueno que hemos construido. En general, nos resulta gratificante observar cómo crece y se desarrolla cualquier organismo o mecanismo con buen fin que tenga lugar en la naturaleza, desde las flores en primavera a un proyecto personal que se hace realidad. Precisamente el desarrollo de una habilidad de nuestro talento es ese tipo de proyecto que nos gusta ver desarrollarse y escribir sobre él será un estímulo para culminarlo.

El diario de seguimiento de la habilidad hace que nos enfoquemos en no romper la serie continua de aciertos, que son los días consecutivos que llevamos acercándonos a nuestra recompensa. Consigue que nos centremos en las pequeñas acciones diarias, sobre las que luego tendremos que escribir, en lugar de estar todo el tiempo pendientes de los resultados. También creará adherencia al hábito evitando que poco o nada nos sorprenda, y que tengamos que improvisar a riesgo de fallar. Puede ocurrir que rompamos la serie de continuidad del hábito porque en algunos momentos flaqueemos, estemos de mal humor y no podamos resistir la tentación de saltarnos las acciones correspondientes a ese día. Decidimos que vamos a darnos un merecido homenaje, que puede consistir en concedernos ese tiempo libre de entrenamiento, lanzarnos a por comida procesada o, sencillamente, tirarnos en el sofá y no hacer nada en absoluto. Si esto ocurriese, el retorno al cumplimiento del hábito debe ser inmediato y no dejar que el fallo se produzca de nuevo, porque si nos lo saltamos dos o más veces ya habremos iniciado un nuevo hábito que consiste en saltarse los hábitos, con su aliciente, su deseo, su conducta, su refuerzo y su recompensa. Nadie abandona el tabaco fumando de vez en cuando porque en poco tiempo volverá a fumar a diario. Nadie pierde peso comiendo a capricho y no siguiendo el plan, aunque sea de manera puntual. Nadie logra ser diestro en alguna habilidad sin entrenarla algunos días.

La manera más eficaz que dejar de autoengañarnos y empezar a vivir con verdad es la formación de hábitos que nos permitan desarrollar las habilidades de nuestro talento con las que más disfrutamos, lo que nos lleva a adoptar una nueva identidad y nos convierte en quienes queremos ser. Será el efecto renovador de la metamorfosis. El autoengaño nos ofrece ventajas momentáneas para no sentirnos mal, pero caemos en una trampa, porque nos impide encarar los problemas reales. Nos proporciona excusas para reducir la responsabilidad de nuestros errores diciéndonos «no me daba cuenta de lo mucho que fumaba y, como no era consciente, mi adicción al tabaco no ha sido intencionada ni tengo por qué sentirme culpable». El autoengaño provoca la autoindulgencia para parecer mejores de lo que somos. Pero hay otra forma de parecerlo: siéndolo de verdad. Como nos importa mucho lo que la gente piense de nosotros y no queremos defraudar, aprenderemos a leer, escribir, hacer problemas matemáticos, adquirir conocimientos, cultura y habilidades profesionales, cuidaremos la higiene personal, adelgazaremos y haremos ejercicio, dejaremos de beber y de fumar, manejaremos el estrés, estaremos de mejor humor y tendremos mayor energía, porque con estos hábitos impresionaremos a los demás siendo nosotros mismos, sin autoengaño y sintiéndonos orgullosos de nuestra identidad. En el momento en que la mayor parte de nuestros hábitos coinciden con la identidad propia y encontramos que es satisfactorio ser como somos, esta relación positiva de doble sentido hace que se disparen la autoconfianza y la autoestima. En ese caso, nuestra identidad actuará de aliciente y a la vez de recompensa para mantener los hábitos. El estímulo para formar hábitos procederá de nuestra fuerza interna y no tanto del exterior.

RESUMEN DEL CAPÍTULO

- Percibir los avances siempre es satisfactorio en cualquier aprendizaje. La formación de hábitos necesita la visualización del progreso porque va a constituir el refuerzo de la conducta antes de la recompensa final.

- A la hora de anotar nuestros avances y escribir sobre ellos expresando la verdad, será de gran utilidad empezar un diario de seguimiento de la habilidad, que funcionará como un aliciente visual para incrementar nuestro deseo de cambiar.

- Revisar el diario recargará nuestra motivación cuando nos sintamos sin fuerza para continuar, porque habla de nuestros triunfos. Nos aparta de la idea de abandonar para no romper algo bueno que hemos construido.

- Para anotar nuestros avances no debemos centrarnos solo en las cifras, pues corremos el riesgo de mejorarlas por el procedimiento que sea más rápido, sin tener en cuenta otros índices más útiles para formar el hábito.

- El diario de seguimiento consigue que nos centremos en las pequeñas acciones diarias, sobre las que luego tendremos que escribir, en lugar de estar todo el tiempo pendientes de los resultados.

- La manera más eficaz que dejar de autoengañarnos y empezar a vivir con verdad es la formación de hábitos, lo que nos lleva a adoptar una nueva identidad y nos convierte en quienes queremos ser. Será el efecto renovador de la metamorfosis.

Parte III

AUTOESTIMA
Y
AUTOCONFIANZA

AUTOESTIMA

1. LAS PRIMERAS IMPRESIONES Y LA ENVIDIA

Vivimos comparándonos permanentemente con los demás, esa es la pura realidad. Aunque nos dé vergüenza reconocerlo, lo más probable es que alguna vez hayamos experimentado una sensación agradable por el fracaso que sufren otras personas. Sin embargo, podríamos justificarnos pensando que, si competimos directamente con alguien en una carrera por el mismo empleo, por la misma pareja, por las mismas amistades, en definitiva, por la misma recompensa, sería incluso natural que si ganamos celebráramos que el otro hubiera perdido. De igual modo, también nos parecería normal que nos alegrásemos con el fracaso de alguien cuando creemos que se lo ha ganado a pulso porque ha hecho méritos para ello. ¿Qué pasa entonces cuando disfrutamos con el sufrimiento de los demás a pesar de que no saquemos un beneficio directo ni estemos seguros de si se lo merece? ¿Será que la envidia es también una fuente de placer y por eso se prodiga tanto?

La profesora Susan Fiske, de la Universidad de Princeton (EE.UU.), se preocupó por desentrañar este asunto e hizo un experimento en el que descubrió que cuando observamos el sufrimiento ajeno, a pesar de no exteriorizar satisfacción alguna, expresamos en muchos casos una microsonrisa y en nuestro cerebro se activan, en paralelo, los circuitos que codifican el placer. Se comprobó de esta manera que se disfruta del infortunio de los demás de una manera visceral, sin ser conscientes de ello ni poder justificarlo de modo racional. En la investigación con los participantes que pasaron por el detector de microsonrisas se constató que cuando se trataba del fracaso de alguien poco competente en sus habilidades, pero cálido y afectuoso, como una persona mayor, sentían compasión. Si era una persona poco competente y falta de calidez como un drogodependiente, se apenaron, aunque también manifestaron rechazo. Si veían a alguien competente en su profesión, cercano, empático y accesible, como un médico o una profesora, los sentimientos fueron de admiración y orgullo. Sin embargo, si quien sufría era competente en sus habilidades personales o profesionales, pero había perdido la calidez propia de alguien cercano, sencillo y con empatía hacia los demás, entonces sentían placer. Ese perfil de persona competente en sus cualidades personales, pero a la vez poco cálida e incluso presuntuosa, que se corresponde más con hombres que con mujeres porque ellas conservan mejor la capacidad de empatía es el que suele despertar más envidia.

La valoración del otro

A la hora de estar comparándonos todo el tiempo con otras personas nos gustaría creer que somos ecuánimes y tenemos en cuenta todos los elementos para hacer una valoración justa del otro. Pero nada más lejos de la realidad. La profesora Fiske señala que muchas de nuestras impresiones sobre los demás se forman en milésimas de segundo. El cerebro no dedica demasiado tiempo a elaborar una opinión bien informada sobre la gente que tenemos cerca porque no puede trabajar en demasiadas cosas a la vez. Toma atajos mentales para hacer un juicio rápido de cada persona con la que se cruza y eso lo induce a aplicar inevitablemente estereotipos y prejuicios. Esta forma instantánea de juzgar nos lleva a introducir sesgos cognitivos de aspecto, raza, sexo, religión, clase social, o cualquier otro, en las relaciones sociales. Nuestro propósito es averiguar de inmediato las buenas o malas intenciones de los demás calibrando su capacidad para ejecutarlas, para así tomar la mejor decisión. Mujer, mayor, clase media: de fiar, calma. Varón, joven, probablemente sin techo: no es de fiar, alerta. En definitiva, nuestro análisis se reduce a dos variables: la competencia en habilidades y la calidez o cercanía que transmite. Los estudios hechos en todos los lugares del mundo coinciden en una cosa: ven cálidas y competentes a aquellas personas cuyas características están asociadas por defecto con las propias de cada país.

La evidencia científica nos dice que si vemos la foto de una persona durante milisegundos, nos formaremos una opinión sobre su competencia y calidez. Esta primera impresión será de gran importancia para la estima de la gente e influirá de modo decisivo en nuestra autoestima, porque si en menos de un segundo mirando a alguien ya podemos expresar desconfianza, rechazo y falta de respeto por esa persona, o sentir todo lo contrario, podría muy bien ocurrir justo lo mismo cuando nos miran a nosotros sin que hayamos tenido la oportunidad de pestañear siquiera. La razón es que los programas innatos que traemos instalados al nacer nos confieren una inclinación natural a sentirnos a gusto con gente que creemos *a priori* que es como nosotros, y a disgusto con los que presuponemos que no hay nada en común.

Estos recelos hacia las personas diferentes son universales. En ningún lugar se otorga una confianza plena a quienes no poseen un domicilio fijo. Somos suspicaces con los sin hogar, los nómadas que por cultura van de un sitio a otro, los migrantes económicos, los desplazados por las desigualdades, los refugiados políticos e incluso con los viajeros y aventureros sin rumbo fijo, porque es probable que los asociemos con la idea de que si no tienen una casa donde residir, no serán competentes para ganarse la vida, y si vulnerasen la legalidad no los podríamos encontrar para que asumiesen una presunta responsabilidad. La tónica general en todos los países es que la gente admira en una primera impresión los prototipos de la clase media y rechaza los asociados a personas pobres. No obstante, si creen que no es por su culpa, se apiadarán y querrán ayudarlos, pero si están convencidos de que es porque no quieren integrarse en la sociedad, declararán sentir repugnancia.

Los estereotipos tienden a cosificar a las personas en distintos grados de deshumanización, lo que acabará impactando directamente contra nuestra autoestima. Si en opinión de los demás entramos en un perfil de alta competencia y eficacia, pero de baja calidez y cercanía, les parecemos poco fiables, pero envidiables e intentarán denigrarnos juzgando que somos como robots, autómatas, máquinas sin sentimientos, esclavos del trabajo que no sienten ni padecen. En las investigaciones se constata que cuando los participantes observan a personas sin hogar se suelen activar regiones del cerebro parecidas a cuando la gente siente algo muy desagradable.

Cambiar las primeras impresiones

Llegados a este punto, nos haremos una pregunta clave: ¿podríamos hacer nosotros algo para cambiar esta primera impresión que proyectamos en la gente para mejorar la autoestima? Pues bien, psicólogos, psiquiatras y neurocientíficos no comparten el mismo punto de vista. Unos piensan que la solución pasa por detenerse en conocer a la gente pormenorizadamente para poder cambiar ese retrato robot hecho en milisegundos. Argumentan que el trabajo en equipo con un objetivo común será una buena estrategia para actualizar la información sobre las otras personas como paso previo a cambiar la primera opinión. Sin embargo, otros creen que nos costará cambiar esa primera impresión si somos incapaces de desactivar el gran sesgo de no ser conscientes de que tenemos sesgos, de que tendemos a emitir juicios de preferencia o rechazo por razones étnicas, de género y de clase social. Para cambiar la opinión sobre una persona y reencuadrarla en un grupo distinto entre admiración, envidia, lástima y repugnancia será imprescindible reconocer que el problema no estaba en ella, sino en nosotros. Y luego está el asunto de la disonancia cognitiva. Nos cuesta tanto cambiar nuestras primeras opiniones porque tendríamos que empezar a justificarnos por qué las tomamos en su momento, y esa incoherencia nos crearía tensión y malestar, de modo que las defendemos a toda costa, sean justas o no. Se ha comprobado en entrevistas de recursos humanos, en reuniones de trabajo y en citas de pareja, donde la gente que acude toma contacto por primera vez, que durante los dos primeros segundos los asistentes ya forman opiniones cerradas y toman decisiones firmes sobre lo que dirán o resolverán al final de la reunión, y se dedican el resto del tiempo no a escuchar y reflexionar, sino a buscar argumentos que los reafirmen todavía más en esas primeras opiniones.

En aplicaciones de citas amorosas y en redes sociales de encuentros entre gente que se ha seleccionado mutuamente para chatear se decide en segundos, al ver la foto del otro, si tendrían sexo entre ambos. En esta toma de decisiones instantánea el cerebro aplica sus sesgos y se ha visto que el primero de todos es que elegimos antes a las parejas que creemos que son más parecidas a nosotros. Es probable que cuando juzgamos a los demás solo estemos buscando nuestra dosis de autoestima. Si los admiramos será para dejar patente nuestra generosidad; si los envidiamos nos guiará la voluntad de hacer justicia; si sentimos lástima daremos evidencia de nuestra bondad y compasión, y si nos producen repugnancia habrá sido a fuerza de mostrar sinceridad.

RESUMEN DEL CAPÍTULO

- A la hora de estar comparándonos todo el tiempo con otras personas nos gustaría creer que somos ecuánimes y tenemos en cuenta todos los elementos para hacer una valoración justa del otro, pero nada más lejos de la realidad.

- El cerebro no dedica demasiado tiempo a elaborar una opinión sobre la gente que tenemos cerca. Toma atajos mentales aplicando estereotipos y prejuicios, que cosifican a las personas e impactan contra nuestra autoestima.

- El primer propósito del cerebro al aplicar sus sesgos es averiguar de inmediato las buenas o malas intenciones de los demás calibrando su capacidad para ejecutarlas, para así tomar la mejor decisión al respecto.

- Nos cuesta tanto cambiar nuestras primeras opiniones porque deberíamos justificarnos por qué las tomamos en su momento, y esa incoherencia nos crearía tensión y malestar. Las defendemos a toda costa, sean justas o no.

- Para cambiar la opinión sobre una persona y reencuadrarla en un grupo distinto entre admiración, envidia, lástima y repugnancia tendremos que reconocer que el problema no estaba en ella, sino en nosotros al juzgarla.

- Un perfil de persona competente en sus habilidades o en sus cualidades personales, pero a la vez poco cálida, poco de fiar e incluso presuntuosa, que se corresponde más con hombres que con mujeres, es el que suele despertar más envidia.

2. NARCISISTAS, FALSOS MODESTOS Y AUTOENGAÑO PROVOCADO

A la mañana siguiente de esbozar estas últimas ideas sobre la autoestima me levanté temprano para preparar el tema que grabaríamos ese día en *La aventura del saber*. Estuvimos hablando del cóctel de micropartículas de ceniza con gases de dióxido de azufre surgido de la erupción del volcán de La Palma, que impactaba en los bronquios y alveolos pulmonares de los habitantes de la isla. De la sexta ola de la pandemia que se oteaba en Europa con el confinamiento de los no vacunados en Austria. De cómo la tercera dosis de refuerzo de las vacunas se ampliaría a cada vez más población como demostraba Reino Unido, que ya se la administraba a los mayores de 40 años. De las píldoras orales contra el covid que ya estaban en camino de ser una realidad. Después de dar por buena la toma y de que Salva Gómez Valdés hiciera la entradilla del siguiente contenido del programa sin que nos hubiéramos movido aún de la silla del decorado, comenzamos a hablar de la extensión del prólogo de este libro, que él empezaría a escribir pronto, y saqué a colación las últimas reflexiones sobre la autoestima que yo había anotado la noche anterior. Le atrajo mucho el tema de la envidia —creo que como a la mayoría— y no cesó de preguntarme: ¿se podría medir la intensidad con la que envidia cada uno a cada quién? Le conté los resultados del experimento de la profesora Susan Fiske y su detector de microsonrisas en los participantes ante la observación del sufrimiento de otros. «¿Sería más fácil pasar de ser envidiosos a ser envidiados o de ser envidiados a ser envidiosos? ¿Cómo variará la autoestima en cada caso? ¿Qué crees?», replicó. Parece intuitivo pensar que nos sentiremos más a gusto en el papel de envidiados porque será señal de que poseemos algo valioso que otros desean, lo que *a priori* fortalecería la autoestima. Pero a menos que el escudo protector de la autoconfianza sea también robusto, notaremos la presión insidiosa que ejerce en nosotros la envidia de la gente con malestar creciente e incomodidad, inquietud, angustia, y podremos llegar casi a la desesperación por no poder soportarla. Podríamos vivir la paradoja de tener una autoestima alta y estar al borde de la depresión debido a la envidia. Sin embargo, en el papel de envidiosos, nuestra seguridad y confianza será aplastante porque nos sentiremos llamados a cumplir la misión de recolocar el mundo como siempre debió ser, en particular lo que respecta a los envidiados. Disparará la autoestima, esa convicción de estar haciendo justicia natural, si logramos arrebatar a alguien una habilidad, una cualidad, una posesión que creemos con firmeza que no se merece ni le corresponde en absoluto. Entonces, argumentó Salva: «En definitiva, esto de la autoestima consiste, como todo en la vida, en dar y en recibir; el problema es que no es entre los mismos».

El mito de Narciso y los narcisistas

Reconsiderando el mito clásico de Narciso desde el punto de vista evolutivo, cabe la posibilidad de que no estuviera admirado ni enamorado de sí mismo, sino que ese sentimiento fuese de propia envidia, en vista de la falta de calidez y menosprecio con que trataba a mortales y dioses, y en especial por cómo se comportó con la ninfa Eco, reducida a una voz maquinal que repetía las palabras, consumida por la melancolía. Narciso pudo haberse autoengañado como hacen muchas especies animales y no pocos humanos con el fin de obtener ventajas de alimento y pareja, para parecer más agraciado, más inteligente y más fuerte de lo que era en realidad, y de esa manera tan atractiva pero irreal veía su reflejo en el agua. Pero al tiempo envidiaba su imagen porque sabía en el fondo que las cualidades y habilidades que proyectaba estaban sobreestimadas y no le correspondían, lo que dañaba profundamente su autoestima. Los narcisistas también participan de la obsesión del envidioso por el envidiado y de su miedo visceral a reconocerse tal y como son, por eso necesitan minar la autoestima de los demás.

La estrategia de la falsa modestia

Lo contrario del narcisista, engañar no para enaltecerse, sino para minusvalorarse, también se da en la naturaleza por las mismas razones: conseguir ventajas en la supervivencia y la reproducción, y en los seres humanos también para obtener poder sobre otros. En diferentes especies de insectos y peces, los machos se encogen para parecer más pequeños. Reducen su agresividad y cambian de color para pasar por hembras, acercarse a ellas y fecundar los huevos. En algunas especies de aves, las crías simulan ser más pequeñas de lo que son para quedarse más tiempo en el nido y seguir recibiendo el cuidado de sus padres. Las personas también nos hacemos de menos para parecer menos amenazadores, inteligentes y agraciadas de lo que somos y así acercarnos a quienes nos interesan por algún motivo. Esto supone un cambio de estrategia frente a la mayoritaria, que es sobrevalorarse para aparentar cualidades superiores, pero que precisamente funciona porque nadie se lo espera.

Manipuladores de autoestima

Tanto los narcisistas, que proyectan una imagen atrayente de sí mismos con unas cualidades sobredimensionadas, como los falsos modestos, que hacen todo lo contrario, logran engatusar a los demás porque en ambos casos han desarrollado un mecanismo de autoengaño sumamente eficaz para que no los desenmascaren con facilidad. Aunque el problema —para ellos y todos los que los sufren— es que ese autoengaño no es tan perfecto como para que puedan ocultarse a sí mismos toda la verdad y eviten sentirse atrapados en su trampa. Cada vez que se comparan con la gente, los narcisistas descubren que otros son mejores y pasan de envidiables a convertirse en envidiosos para apuntalar su autoestima. Lo que acaban envidiando los falsos modestos no son las cualidades y habilidades de otros, sino su libertad, que ellos no disfrutan a causa de su engaño.

En general, nos dejamos impresionar con facilidad por la conducta, los deseos y las opiniones de los demás, que impactarán sobre nuestra autoestima positiva o negativamente según su contenido. Cuánto más nos afecten estas acciones y más sensibles seamos a la influencia de otros, más alto será el riesgo de que puedan ejercer su poder sobre nosotros con pretensiones de manipulación, sometimiento o dominación. El procedimiento utilizado por los manipuladores suele ser inducirnos un grado de autoengaño que satisfaga sus propósitos. El más frecuente es hacemos sentir culpables por lo que ellos nos hacen adoptando su punto de vista. Es el caso de un jefe explotador que a pesar de lo poco que paga hace que sus trabajadores se sientan culpables por no trabajar lo suficiente. Un hijo que atribuye a sus progenitores toda clase de obligaciones para con él y los hace culpables de sus fracasos y frustraciones. Un padre exigente cuyos hijos se creen que nunca hacen lo suficiente para ser merecedores de su afecto. Una mujer maltratada que se convence de las razones de su pareja para tratarla de esa manera. Un menor víctima de abusos que llega a pensar que es el culpable de la situación porque ha incitado de algún modo a su abusador. En los secuestrados que llevan largo tiempo prisioneros se describe el conocido síndrome de Estocolmo, que no es más que otro caso de autoengaño provocado para identificarse con las ideas de los secuestradores, a veces de tanta intensidad que puede pasar con facilidad en sus posiciones de secuestrado a secuestrador.

La razón de que algunas de estas situaciones se mantengan tanto en el tiempo es que al autoengaño provocado en principio por el manipulador se une el posible autoengaño de la víctima que consiente en sus pretensiones porque de esta manera es más fácil que no haya nuevos episodios de conflicto. En un experimento para averiguar si había alguna señal de provocación en la generación o la pérdida de la autoestima, se convocaron dos grupos de estudiantes a un examen de dificultad alta y en ambos había estudiantes blancos y negros. En el primer grupo no se pidieron datos personales y los resultados fueron similares sin distinción de etnia. En el segundo grupo se pidió que rellenaran sus datos personales, entre ellos su etnicidad. El rendimiento de los estudiantes blancos no fue más alto en el segundo grupo, pero el de los estudiantes negros descendió a casi a la mitad con respecto al test del grupo uno, donde no se pedían datos personales. La señal de la provocación de la autoestima funcionó con claridad. Por tanto, es posible manipular la autoestima de una persona y, en consecuencia, el rendimiento en los test, con señales de provocación distintas.

Existe suficiente evidencia científica de que muchos de los integrantes de colectivos que sufren desigualdad de derechos y son víctimas de desconsideración social pueden tener una imagen negativa propia a nivel inconsciente, aunque explícitamente afirmen lo contrario. La prueba es que su autoestima y el rendimiento de sus habilidades se derrumban cuando se les recuerda esa parte de su identidad conectada con el desprecio que sufren o han sufrido históricamente. La solución sería modificar la identidad para recuperar la autoestima, pero no ocurre porque la sociedad les recuerda demasiadas veces lo que representan como colectivo y dónde se encuentran en la escala social desde el punto de vista de las clases dominantes.

En definitiva, la primera medida para evitar que nos minen la autoestima consiste en no permitir a personas que viven a nuestro alrededor que nos provoquen un autoengaño en su propio beneficio. Nada justifica tener un maltratador al lado, ni un envidioso, ni un narcisista, ni un falso modesto. Rompamos esta cadena. No hay que consentirlo. Ante estas situaciones tenemos el deber de convertirnos en revolucionarios de nosotros mismos y revelarnos apartándonos de su lado.

RESUMEN DEL CAPÍTULO

- En general, nos dejamos impresionar con facilidad por la conducta, los deseos y las opiniones de los demás, que impactarán sobre nuestra autoestima de manera positiva o negativa según su contenido.

- Sin una buena autoconfianza notaremos la presión insidiosa que ejerce la envidia de la gente, con malestar creciente e incomodidad, inquietud, angustia, y podremos llegar casi a la desesperación por no poder soportarla.

- En el papel de envidiosos, nuestra seguridad y confianza será aplastante porque nos sentimos llamados a cumplir la misión de recolocar el mundo como siempre debió ser en lo que respecta a los envidiados.

- Los narcisistas proyectan unas cualidades sobredimensionadas y cuando descubren que las de otros son mejores pasan de envidiables a convertirse en envidiosos para apuntalar su autoestima.

- Los falsos modestos se hacen de menos para parecer menos inteligentes y agraciados con el fin de acercarse a quienes les interesan por algún motivo, y acaban envidiando su libertad para expresarse y ser como quieran.

- Cuanto más sensibles seamos a la influencia y opiniones de otros, más alto será el riesgo de que puedan ejercer su poder sobre nosotros con pretensiones de manipulación, sometimiento o dominación.

- Los manipuladores provocan en nosotros un autoengaño en su propio beneficio y nos hacen sentir culpables. Nada justifica tener un maltratador al lado ni un envidioso ni un narcisista ni un falso modesto.

AUTOCONFIANZA

GANAR AUTOCONFIANZA

El día que intervengo en *La aventura del saber* procuro bajar al plató puntual a mi hora. Allí me suelo encontrar con Salva Gómez Valdés y Mara Peterssen en plena acción, grabando sumarios y despedidas para las distintas emisiones de la semana. Cuando ellos terminan se prepara el set para el espacio de salud pública de los lunes, que irá a continuación. Voy estudiado porque conozco a Salva y sé que puede plantear cualquier asunto relacionado con el tema. Yo lo animo: «Pregunta lo que quieras». Ese es el aliciente de nuestra sección, espontaneidad en el discurso, naturalidad ante la cámara para transmitir una mayor dosis de confianza en el mensaje, al tiempo que lo hacemos más entretenido. Justo en el instante de terminar de grabar solemos decirnos con bastante seguridad que nos ha quedado muy bien, que ha entrado casi todo lo que teníamos planteado, aunque, como siempre, nos hayamos pasado un poco del tiempo previsto. Mientras me están quitando el micrófono empiezo a repasar mentalmente algunas de las cosas que acabo de decir que no estaban en guion, por si acaso hubiera cometido algún error. Todo ocurre tan rápido que podría haber sucedido. Por su parte, Salva viene a veces a explicarme por qué ha preguntado de improviso algo que ha pensado al vuelo o a conocer mi opinión sobre que bromeara en determinado momento cuando contestaba. Recuerdo una vez que estábamos respondiendo las preguntas de los espectadores sobre problemas cervicales y mareos, y a pesar de que corríamos, eran tantas y tan largas, que Salva exclamó: «¡Hoy no terminamos el libro!». Luego coincidimos en que el comentario había tenido su gracia y que el cambio de tono en las entrevistas es lo que le da otro aire y otra química al espacio.

Podría dar la sensación, por lo que acabo de contar, de que ambos vamos perdiendo un poco de autoconfianza sobre lo que grabamos a medida que pasan los minutos, pero no es así en absoluto. Cuando nos salimos del guion e improvisamos sobre la marcha, nuestro cerebro trabaja en varias direcciones en apenas una fracción de segundo. Primero escoge decir algo distinto a lo previsto o en un tono diferente, luego decide el momento preciso para decirlo al tiempo que forma una creencia de por qué lo está haciendo de esa manera y hace una predicción sobre si el resultado será satisfactorio. Consolidar esa creencia es lo que nos lleva a comprobar *a posteriori* los detalles de lo que hemos cambiado. Lo hacemos para no incurrir en un exceso de confianza y evitar la autocomplacencia, pero no porque perdamos un ápice de seguridad sobre lo que hemos hecho.

He conocido algunos expertos con gran experiencia en conferencias y medios, que participan como invitados en programas de televisión, que se ponen un poco nerviosos con el hecho de que los vayan a ver cientos de miles de personas a través de la pantalla. Entonces creen que, como se trata de una ocasión especial, deben hacer o decir algo acorde a ello y salirse de lo esperado. No será una buena táctica para afrontar las intervenciones en el plató. El problema no es tanto ponerse nervioso como los cambios que se improvisan a causa de los nervios. Haciéndolos están admitiendo inconscientemente que con lo que saben hacer en comunicación no será suficiente para salir airoso. Pierden autoconfianza, cambian su rutina y suelen fallar. Muchos comunicadores que llevan años apareciendo en televisión soportan esa presión haciendo siempre lo mismo, no cambiando ni una coma del guion. Cuando están delante de la cámara, la forma de mantener su autoconfianza es no modificar la rutina con la que han conseguido el éxito. Aunque tengan que pagar el precio de repetirse a sí mismos, pero esto ya es otro asunto.

Mantener la autoconfianza

Para mantener la autoconfianza en situaciones delicadas o sometidos a estrés hay que hacer lo que sabemos hacer bien, poner en marcha nuestros hábitos y no quedar expuestos al control de la mente consciente con improvisaciones de última hora, porque nos obliga a pensar y a tomar decisiones que pueden ser erróneas. No hay que hacer un acontecimiento de las ocasiones especiales. En muchos momentos, cuando alguien sigue un plan de alimentación y falla en su cumplimiento, es porque bajo presión cambia la rutina que ha practicado tantas veces y se sabe de memoria, e improvisa haciendo especial una cita con amigos, un compromiso familiar, una comida de trabajo o cualquier reunión donde haya comida. Cuando estamos consolidando un hábito para mejorar nuestra alimentación todas las citas deben ser igual de importantes, todas las reuniones serán igual de complicadas y todos los compromisos familiares igual de difíciles para salir airosos sin saltarse el plan. Tener esto claro es el primer paso para mantener nuestra autoconfianza sin ponernos nerviosos ni cambiar de planes cuando estamos sometidos a presión.

La autoconfianza viene determinada por nuestros programas innatos cerebrales, aunque existe margen para modificarla porque se trata una característica importante de la identidad. Tendemos a autodefinirnos como el tipo de personas que tienen el control de su vida. En realidad, la autoconfianza tiene un amplio espectro. En algunos será baja y se mostrarán indecisos ante elecciones banales y otros exhibirán una seguridad alta en todo momento y ante cualquier decisión. Nuestro sistema de autoconfianza será más eficaz cuanto mejor calibremos el propio conocimiento a la hora de tomar una decisión o no tomarla. Si contamos con datos suficientes para tomar la decisión correcta, una autoconfianza afinada nos llevará a tomarla, y al contrario, si disponemos de poca información, nos impedirá hacerlo. Si tras una entrevista de trabajo pensamos que ha ido mal y luego conseguimos el empleo, o creemos que ha ido bien y después somos el último candidato, nuestra autoconfianza estará desajustada porque no sabemos juzgar una situación con la información que disponemos.

La autoconfianza no solo está relacionada con las decisiones que tomamos en el presente, con suficiente buen juicio para elegir la opción correcta, sino con los acontecimientos del futuro, de los que no sabemos a ciencia cierta qué ocurrirá, aunque acumulemos montañas de datos para intentar predecirlo. Entramos en el terreno donde la autoconfianza estará marcada por nuestro optimismo o pesimismo. El cerebro del optimista no tiene en cuenta parte de la información que muestra el futuro con más aspectos negativos de lo que él había previsto, lo que reforzará su autoconfianza en las decisiones sobre ese futuro.

¿Qué preferiríamos, soñar que nos ha tocado la lotería o que nos han desvalijado la casa? Quizá buena parte de nosotros responderíamos que si soñamos que nos han desvalijado la casa no nos desilusionaría tanto como que nos ha tocado la lotería, cuando al día siguiente descubriésemos que no es cierto. A veces creemos que vale más tener unas expectativas bajas en la vida, esperando que nos vaya mal, para lograr el efecto de sentirnos mejor al comprobar que nuestros augurios no se han hecho realidad. Esta forma de pensar pesimista no reforzará la autoconfianza porque estamos desconfiando de nosotros para afrontar un futuro incierto. El día que por desgracia se cumplan las expectativas estaremos hundidos. El optimismo se relaciona con nuestra mirada al pasado más que con cómo encaramos el futuro. Un ejemplo perfecto de optimismo es cómo se rehace Nadal tras un punto perdido. La forma en que interpreta esa pérdida, ahora ya en el pasado, es ignorándola y partiendo de cero en el siguiente punto, convencido de que va a ir bien. Al contrario que muchos grandes deportistas, Nadal no arrastra la derrota ni la rumia por el efecto psicológico de aversión a la pérdida. No teme perder, sino que quiere ganar; por eso, cuando lo hace, si mira al pasado, es para reafirmarse en que le ha ido bien porque es un fuera de serie que en toda su vida no dejado de trabajar y entrenarse con constancia y tesón.

Autoconfianza y autoconocimiento

La autoconfianza se puede mejorar mediante el autoconocimiento. La neurociencia demuestra que un sistema de confianza afinado se relaciona con un mayor grado de conciencia y conocimiento del propio cuerpo. El cerebro utiliza constantes corporales como trabarse al hablar, el tono de voz, la cabeza baja mirando al suelo, una postura corporal encorvada, una sudoración excesiva en la frente y en las manos, el tiempo que tardamos en responder, si temblamos o no, una respiración agitada, además de signos de inquietud y tensión muscular para hacer una valoración de nuestra autoconfianza. Al contrario que la autoestima, el mundo que nos rodea no es la fuente de autoconfianza, sino que nace en nuestra vida interior. Cuando ponemos atención plena en la respiración, en la relajación y en la meditación la estimulamos.

Sabemos que la autoestima y la autoconfianza trabajan en equipo y se refuerzan mutuamente. Seremos más favorables a manejar información negativa que nos afecta si tenemos una autoconfianza alta. Las investigaciones demuestran que la motivación que nos inclina a sesgar la información durante su procesamiento cerebral es mantener a toda costa la autoestima. Deformamos la realidad lo que sea necesario con el fin de perdonarnos nuestras malas decisiones, para ser indulgentes con los propios fracasos.

La autoconfianza se evidencia tomando decisiones y generando una creencia favorable que confirme que hemos elegido bien, que nos haga estar convencidos de que era eso lo que deseábamos conseguir. Esta sensación de seguridad es tan potente que nos llevará a creer firmemente que tenemos el control de nuestra vida.